数字经济理论与实践创新研究

李 柳 著

中国商业出版社

图书在版编目（CIP）数据

数字经济理论与实践创新研究 / 李柳著 . -- 北京 :
中国商业出版社 , 2022.9

ISBN 978-7-5208-2215-2

Ⅰ . ①数… Ⅱ . ①李… Ⅲ . ①信息经济 – 研究 Ⅳ .
① F49

中国版本图书馆 CIP 数据核字 (2022) 第 166141 号

责任编辑：陈　皓

策划编辑：常　松

中国商业出版社出版发行

（www.zgsycb.com 100053 北京广安门内报国寺 1 号）

总编室：010-63180647　编辑室：010-83114579

发行部：010-83120835/8286

新华书店经销

定州启航印刷有限公司印刷

*

710 毫米 ×1000 毫米　16 开　11.5 印张　180 千字

2022 年 9 月第 1 版　2023 年 1 月第 1 次印刷

定价：69.00 元

*　*　*　*

（如有印装质量问题可更换）

前言

近年来，随着数字经济的发展，政府不断加大改革力度，很多原本仅仅从事实体经营的企业，也开始借助与“互联网+”的融合，实现线上交易的结构转变，投入激烈的市场竞争。数字货币在互联网环境中产生，从小众的密码学爱好者向商业圈渐进，并融入互联网中的“信息通信技术+云计算”等高科技领域。诸多传统行业的原有市场交易模式受到数字货币这一新兴事物的挑战。新技术的出现，给整个社会带来极大的便捷，把复杂的运营模式简单化，使原有的行业模式受到冲击，给人们带来新体验，使人们获得了新认识。人们对数字货币在未来生活中的作用，寄予了高度期待。新的社会运营生态，将被创造出来。

本书属于数字经济方面的著作，由数字经济概述、数据要素与数字经济的发展、数字货币理论基础及发展、“互联网+”背景下典型产业的数字化转型、面向数字经济的企业创新管理、基于大数据的政府智慧治理六部分组成。全书以数字经济为研究对象，分析了数字经济的理论基础、数字货币理论及其发展情况与我国数字经济发展的现状，探索了不同产业的数字化转型问题，对企业的数字化管理等进行了详细研究，对金融、互联网经济等方面的研究者与工作人员具有一定的学习和参考价值。

目录

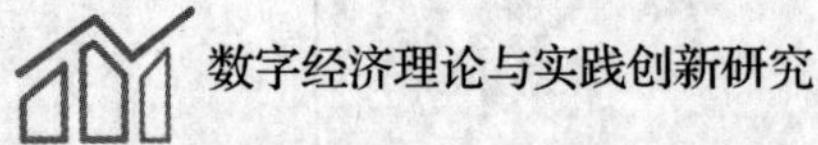

第一章　数字经济概述

第一节　数字经济基础

当今世界正发生着人类有史以来最为迅速、广泛、深刻的变化。以信息技术为代表的高新技术突飞猛进，以信息化和信息产业发展水平为主要特征的综合国力竞争日趋激烈。数字经济给经济发展和社会进步带来的深刻影响，引起了世界各国的普遍关注。发达国家和发展中国家都十分重视数字经济的发展，把加快推进数字化转型作为经济和社会发展的重要任务。

一、数字经济的概念与内涵

数字经济是继农业经济、工业经济之后一种全新的经济社会发展形态，不同时期、不同学者或机构对数字经济的认识并不相同，关于数字经济的概念目前还没有统一定论。从字面意思上理解，数字经济就是在数字技术的基础上形成的经济，是数据信息在网络中流行而产生的一种经济活动。大多数专家认为，数字经济指一个经济系统，在这个系统中，数字技术被广泛使用，并由此带来的整个经济环境和经济活动的根本变化。数字经济也是一个信息和商务活动都数字化的、全新的社会政治和经济系统。在数字经济中，企业、消费者和政府通过网络进行的交易迅速增长。

（一）数字经济概念的起源与发展

数字经济（Digital Economy）的概念可以追溯到加拿大学者泰普斯科特（Tapscott）1995 年出版的《数据时代的经济学——对网络智能时代机遇和风险的再思考》和美国学者尼葛洛庞帝（Negroponte）1996 年出版的《数字化生存》，两位学者在著作中深入研究了互联网的出现对经济社会的冲击与影响。泰普斯科特首次提出数字经济时代，并前瞻性地提出各行业企业数字化转型的路线图，包括数字化创意开发、数字化流程实施、数字化产品设计、数字化制造和营销、数字支持型产品销售等方法。尼葛洛庞帝提出了“数字化生存是以信息技术为基础的新的生存方式”。在数字化环境中，生产力要素的数字化渗透、生产关系的数字化重构、经济活动的全面数字化等呈现出一种全新的社会生活方式。今天，我们仍然能够感受到两位学者对数字经济相关研究的前瞻性和洞察力。

但是，数字经济发展真正进入黄金时代，是智能手机和移动互联网出现并快速渗透后。随着移动接入端的快速增长，全球范围内的网络链接产生了巨大的数据量，催生了云计算、大数据等海量数据分析技术及处理平台，对经济社会发展中产生的海量数据进行分析和提炼，形成有价值的知识，再在经济社会发展中使用，产生了大量的新业态、新模式，可以统称为“数字经济”。

英国研究委员会认为，数字经济是通过人、过程和技术发生复杂关系而创造社会经济效益的。在数字经济中，数字网络和通信基础设施提供一种全球化平台，促进个人和组织的交往、通信、合作和信息分享。英国政府为了实现本国数字经济的健康发展，在 2010 年颁布并实施了《数字经济法草案》，将音乐、游戏、电视广播、移动通信、电子出版物等列入数字经济范畴。澳大利亚政府将数字经济视为促进生产、提高国际竞争地位、改善社会福利的必然选择。《澳大利亚的数字经济：未来的方向》认为，数字经济是通过互联网、移动电话和传感器网络等信息和通信技术实现经济和社会的全球性网络化。澳大利亚政府在《数字产业指南》中将内容制作、数字咨询或专业服务、数字 / 广告公司、多媒体流媒体服务、搜索技术、社交媒体等 24 个产业部列入数字经济范畴。

2016年9月，G20杭州峰会公布《二十国集团数字经济发展与合作倡议》，对数字经济的定义是："以使用数字化的知识和信息作为关键生产要素、以现代信息网络作为重要载体、以信息通信技术的有效使用作为效率提升和经济结构优化的重要推动力的一系列经济活动。"

综合国际上关于数字经济概念的研究成果，以及信息通信技术融合创新发展实践，可以得出，数字经济是全社会信息活动的经济总和。理解数字经济有三个关键点：①信息是一切比特化的事物，是与物质、能量相并列的人类赖以利用的基本生产要素之一；②信息活动是为了服务于人类经济社会发展而进行的信息生成、采集、编码、存储、传输、搜索、处理、使用等一切行为以及支持这些行为的ICT制造、服务与集成；③信息活动具有社会属性、媒体属性和经济属性。数字经济、关注的信息活动的经济属性是信息活动的经济总和。

（二）数字经济的内涵

数字经济是互联网发展到成熟阶段后产生的经济形态，数字经济已经超出了信息产业范围与互联网技术范畴，具有更加丰富的内涵。

1. 数字经济是一种经济社会形态

有学者认为，数字经济是继农业经济、工业经济之后的一种新的经济社会发展形态，要站在人类经济社会形态演进的历史长河中看待数字经济的深刻与长远影响。

2. 数字经济是一种基础设施

数字经济不但包括技术层面和工具层面，而且是一种网络化的基础设施，如同工业时代建立在电力、交通等物理基础设施网络之上一样，未来经济社会的发展建立在数字基础设施之上，传统基础设施在物联网技术支撑下也会全面实现数字化，进入万物互联时代。

3. 数字经济是一种技术经济范式

从科学技术发展史看，数字技术是与蒸汽动力、电力技术同等重要的"通用目的技术"（GPT），必将重塑整个经济和社会，数据成为最重要的生产要素，重构各行各业的商业模式和盈利方式。在未来，所有产业都是数字化产业，所有企业都是数字化企业。

（三）数字经济的基本特征

数字经济受到三大定律的支配。第一定律是梅特卡夫法则（Metcalfe's Law）：网络的价值等于其节点数的平方。所以，网络上联网的计算机越多，每台计算机的价值就越大，“增值”以指数关系不断变大。第二定律是摩尔定律（Moore's Law）：计算机硅芯片的处理能力每 18 个月就翻一番。第三定律是达维多定律（Davidow's Law）：进入市场的第一代产品能够自动获得 50% 的市场份额，所以任何企业在本产业中必须第一个淘汰自己的产品。实际上，达维多定律体现的是网络经济中的“马太效应”。这三大定律决定了数字经济具有以下五个基本特征。

1. 数字化

以二进制的形式来表示和处理信息，将包括文字、图片、视频、声音等在内的诸多信息转化为计算机能够读取、处理和传输的二进制代码。20 世纪中叶，计算机的发明标志着数字化的开始。这一时期的主要商业模式是芯片生产和制造、计算机生产和制造、操作系统开发、相关软件开发等，代表公司为 IBM、微软、英特尔。虽然如今大部分信息都能以数字化的形式表示，但数字化的进程仍远未结束，还有大量信息和设备游离在数字系统之外。

在共享时代，为了促进数字经济发展，必须通过延伸共享经济领域，来推动传统产业向数字化转型，从而利用数字技术推动共享经济与数字经济的深度融合与创新，鼓励共享经济深度发展，拓宽应用领域，为与数字经济融合提供条件。伴随信息技术的发展尤其是“互联网 +”的发展，共享经济模式成为创业的首要选择，从餐饮住宿、金融借贷、交通出行、医疗保健到房屋租赁、科研实验、创意设计等，在更多领域与数字经济开展融合，从而促进共享经济和数字经济的双向发展。

2. 网络化

通过网络通信技术实现人与人、人与物、物与物之间的实时链接。21 世纪 60 年代末，阿帕网的诞生标志着网络化的萌芽；20 世纪 90 年代以后，互联网的全球普及为数字经济发展构筑了至关重要的基础设施。

全球网络空间治理体系要实现深度变革，就离不开数字经济。换句话说，准确地定位与聚焦于数字经济，就回答了全球网络空间治理体系变革是为了什么的问题。即以数字经济为驱动力，推动网络空间开放、合作、

交流、共享，让互联网更好助力经济发展、社会进步、生活改善，做到发展共同推进、安全共同维护、治理共同参与、成果共同分享。

3. 智能化

2015年以来，人工智能研究在多个领域实现突破，数字经济进入以智能化为核心的发展阶段。目前，其商业模式还主要集中在单一的弱人工智能应用上，包括语音识别、自动驾驶、机器人写稿、图像识别、医疗辅助等诸多领域，代表性公司有谷歌、百度等。未来，智能化技术将对数字经济发展产生质变效应，推动人类生产生活方式变革。

利用共享时代的优势，加快传统企业的数字化转型，将是未来所有企业的核心战略。在共享时代，利用个人、企业、政府甚至社会的闲置资源，依靠互联网、大数据、云计算等数字技术，推动传统企业向数字化转型发展。传统企业依靠"互联网+企业"的模式，应用数字化思维，建立连接内外资源、协作共享的机制，通过建立数字化的协同平台以及资源、财务、法务共享平台，实现互联互通，做到精细化管理，最终实现传统企业的智能化发展。

4. 商业化

数字经济将会对众多产业造成颠覆性影响，传统商业模式已不能满足其需要，因此，未来必须重新构建商业模式。共享时代，数字资源的"共享价值"超过了"交换价值"，社会资本将与金融资本处在同等重要的位置，合作共赢将超越竞争，商品使用权将超越所有权，可持续性替代消费主义，一系列的变化推动着新的商业模式的出现。数字经济未来将以大数据、云计算、互联网以及人工智能为线索，在传统商业模式的基础上进行重新设计，构筑依靠数字产品横向延伸价值链和依靠数字技术纵向延伸产业链的基本商业模式，以及依靠数字技术来驱动的跨行业、跨区域商业模式。

5. 共享化

首先，共享时代要求数字资源的共享性。数字经济的一大发展方向是不断拓展数字信息资源，发展数字技术的集成、存储、分析以及交易业务，在共享时代下释放数字技术资源的新价值。其次，共享时代需要数字技术与产业融合发展，以创造更多的商业发展模式。数字技术与产业融合成为数字经济的重要发展方向，通过产业融合，实现产业数字化、智能化，产业的边界逐渐模糊，最终形成产业开放化发展以及产业向价值网络的转型升级。最后，共享时代要求数字经济发展具有强大的服务功能，由此带动对共享商业模式的更多需求。融合服务业与数字技术发展的服务型数字产业是共享时代数字经济发展的重要方向，体现出数字经济在共享时代的应用性，以数字技术为基础的数字金融、智能支付、智慧物流、智慧健康、电子商务、数字信息服务等服务型产业将在共享时代迅猛发展。

（四）数字经济的类型

数字经济以数字化信息为关键资源，以信息网络为依托，通过信息通信技术与其他领域紧密融合，形成了五大类型。

（1）基础型数字经济。传统的信息产业构成了基础型数字经济，它是数字经济的内核。

（2）融合型数字经济。信息采集、传输、存储、处理等信息设备不断融入传统产业的生产、销售、流通、服务等各个环节，形成了新的生产组织方式。传统产业中的信息资本存量带来的产出增长份额，构成了融合型数字经济。

（3）效率型数字经济。信息通信技术在传统产业的普及，促进了全要素生产率提高而带来的产出份额增长，构成了效率型数字经济。

（4）新生型数字经济。信息通信技术的发展不断催生出新技术、新产品、新业态，这些新技术、新产品、新业态称为新生型数字经济。

（5）福利型数字经济。信息通信技术普及所带来的消费者剩余和社会福利等正外部效应，构成了福利型数字经济。

二、数字经济产生的背景与意义

（一）数字经济产生的背景

1.世界各国积极搭乘数字经济发展快车

联合国贸易和发展会议（UNCTAD）在《2017年世界投资报告——投资和数字经济》中指出，数字经济是全球投资增长的主要动力，不仅

可以提升所有行业的竞争力，为商业和创业活动提供机会，帮助企业进入海外市场和参与全球电子价值链，还为解决可持续发展问题提供了新的工具。截至 2017 年 2 月 20 日，全球市值最高的前 13 家企业中已经有 7 家是纯粹的数字经济公司，数字经济公司占比惊人。麦肯锡全球研究院（MGI）发布的《中国的数字经济：全球领先力量》认为，中国是世界上几个最活跃的数字投资和创业生态系统之一；同时，中国数字市场的上行潜力比许多观察者预期的要大得多。数字经济正在成为全球经济发展的新动能。

2. 数字经济首次列入 G20 峰会议题

2016 年，中国作为二十国集团（G20）主席国，首次将“数字经济”列为 G20 创新增长蓝图中的一项重要议题。在 2016 年 9 月 4—5 日举行的 G20 杭州峰会上，通过了《二十国集团数字经济发展与合作倡议》（以下简称《倡议》），这是全球首个由多国领导人共同签署的数字经济政策文件。《倡议》敏锐地把握了数字化带来的历史性机遇，为世界经济摆脱低迷、重焕生机指明了新方向，提供了新方案，带来了新希望。《倡议》阐述了数字经济的概念、意义和指导原则，提出了创新、伙伴关系、协同、灵活、包容、开放和有利的商业环境、注重信任和安全的信息流动等七大原则，明确了宽带接入、ICT 投资、创业和数字化转型、电子商务合作、数字包容性、中小微企业发展等数字经济发展与合作的六大关键优先领域，在知识产权、尊重自主发展道路、数字经济政策制定、国际标准的开发使用、增强信心和信任、无线电频谱管理六大领域鼓励成员加强政策制定和监管领域的交流，营造开放和安全的环境。面向未来，将鼓励 G20 成员开展多层次交流，交流政策制定、立法经验和最佳实践，在培训和研究领域积极开展合作，与国际组织及其他团体积极互动，共同推动数字经济快速健康发展。

3. 我国出台《促进大数据发展行动纲要》

2015 年 8 月 31 日，国务院印发《促进大数据发展行动纲要》，提出我国互联网、移动互联网用户规模居全球第一，拥有丰富的数据资源和应用市场优势，大数据部分关键技术研发取得突破，涌现出一批互联网创新企业和创新应用，一些地方政府已启动大数据相关工作。坚持创新驱动发展，加快大数据部署，深化大数据应用，已成为稳增长、促改革、调结构、惠民生和推动政府治理能力现代化的内在需要和必然选择。在全球范围内，运用大数据推动经济发展、完善社会治理、提升政府服务和监管能力正成为趋势，有关国家相继制定大数据战略性文件，大力推动大数据发展和应用。

（二）中国发展数字经济的战略意义

2008 年国际金融危机之后，世界经济进入深度调整创新阶段。一方面，传统经济持续低迷、发展疲软；另一方面，则是以互联网为基础的数字经济快速崛起，展现出十分强劲的生命力。这种新旧经济交替的壮阔图景表现得更加清晰明显。随着全球信息化步入全面渗透、跨界融合、加速创新、引领发展的新阶段，我国也借势深度布局、大力推动数字经济的发展，从而使其逐渐成为整体经济创新发展的强大引擎，并为全球经济复苏和优化发展提供借鉴和参考。数字经济是在计算机、互联网、通信技术等新一轮信息革命的基础上发展起来的，因此，也称为信息经济。对于正处在整体经济转型升级关键期的中国经济而言，发展数字经济显然具有特殊意义，有利于推动新常态下我国经济发展和创新战略的实施。

1. 经济新常态需要发展新引擎

经过 30 多年的高速增长，我国经济逐渐步入增速放缓、结构升级、动力转化的新常态阶段，整体发展环境、条件和诉求都发生了改变。因此，如何认识、适应和引领新常态，打造经济发展新动能，成为我国实现经济跨越式发展的根本问题。

2. 信息革命推动社会生产生活方式变革

从人类社会的发展历史来看，每一次产业革命都将实现社会生产力的巨大提升：农业革命推动人类从采集捕猎转变为种植畜养，大大增强了人们的生存能力，使社会从野蛮、蒙昧时代进入文明时代；工业革命推动生产方式从家庭作坊式的手工生产形态转变为规模化的机器大生产，极大地提升了人类社会的生产能力，改变了以往物质匮乏的状况。同样，以计算机、互联网、通信等先进技术为代表的信息革命推动了社会生产生活方式的数字化、网络化、信息化、智能化。数字化工具、数字化生产、数字化产品等数字经济形态快速崛起，为新常态下我国经济发展提供了新动能。

3. 数字经济拥有广阔的发展前景

基于互联网信息革命的数字经济不仅深度释放了原有的社会生产力，还创造了更具价值的全新的生产力。数字经济的快速崛起和发展，大大提高了现代经济效益，推动了经济结构的转型升级，成为全球经济走向复苏与繁荣的重要驱动力。2008 年之后，数字经济在全球整体经济发展疲软的大背景下逆势而上，呈现出巨大的发展活力：大数据、云计算、物联网、移动互联网、智能机器人、3D 打印、无人驾驶、VR/AR 等各种信息技术创新与应用不断涌现，在颠覆重塑诸多传统产业的同时，也不断创造出新的产业、业态与模式。更令人期待的是，数字经济的发展其实才刚刚开始，当前所处的发展阶段只相当于工业革命的蒸汽机时代。

4. 发展数字经济成为国家战略选择

当前，欧美等发达国家都将发展数字经济提升到国家战略高度，如美国的工业互联网、德国的“工业 4.0”、日本的机器人新战略、欧盟地区的数字经济战略等。面对新一轮互联网信息化革命浪潮，我国政府也根据基本国情，提出“网络强国”的发展战略，积极推进“数字中国”建设，从而使得数字经济上升到国家战略层面，成为新常态下经济结构转型升级和跃迁式发展的新动能。

（三）中国发展数字经济的优势

目前，中国发展数字经济有着自身独特的优势和有利条件，起步很快，势头良好，在多数领域开始形成与先行国家同台竞争、同步领跑的局面，未来在更多的领域存在领先发展的巨大潜力。

1. 高速发展的信息基础设施基本形成

（1）建成了全球最大规模的宽带通信网络。① 2019 年 12 月底，互联网宽带接入端口数量达到 9.16 亿个。其中，光纤接入端口占互联网接入端口的比重达 91.3%。②网络能力得到持续提升。全光网城市由点及面全面推开，城市家庭基本实现 100 兆光纤全覆盖，“双千兆”网发展走在全球前列。③网民优势酿造了中国数字经济的巨大潜能。截至 2021 年 12 月，中国网民规模达 10.32 亿人，互联网普及率达到 73.0%。

2. 数字经济全面渗透到生产生活各个领域

（1）数字经济正在引领传统产业转型升级。以制造业为例，工业机器人整机、工业级3D打印机等新装备、新技术在以长三角、珠三角等为主的中国制造业核心区域的应用明显加快，大数据、云计算、物联网等新的配套技术和生产方式开始得到大规模应用。

（2）数字经济开始融入城乡居民生活。根据相关报告，网络环境的逐步完善和手机上网的迅速普及，使得移动互联网应用的需求不断被激发，2017年基础应用、商务交易、网络金融、网络娱乐、公共服务等个人应用发展日益丰富，其中，手机网上支付增长尤为迅速，网上支付线下场景不断丰富。各类互联网公共服务类应用均实现用户规模增长。此外，数字经济正在变革治理体系，倒逼传统监管制度与产业政策加快创新步伐。

3. 数字经济推动新业态与新模式不断涌现

（1）中国在多个领域已加入全球数字经济领跑者行列。近年来，中国在电子商务、电子信息产品制造等诸多领域取得“单打冠军”的突出成就，一批信息技术企业和互联网企业进入世界前列。

（2）中国共享经济正在成为全球数字经济发展的排头兵。有报告显示，2021年中国共享经济市场交易规模约36881亿元，主要集中在外卖餐饮、预约家政、生鲜电商、网约车辆、共享住宿等领域。

（3）中国电子商务继续保持快速发展的良好势头。中国电子商务继续保持快速发展势头，2020年，中国电商交易额达37.21万亿元，同比增长4.5%；网络零售额达11.76万亿元，同比增长10.9%。

第二节　数字经济发展及应用

一、数字经济的未来发展趋势

数字经济与共享经济的融合，推动了共享时代的发展；同时，共享时代对数字经济发展提出了新的要求，使之有别于传统发展模式，呈现出以下7种新的发展趋势。

（一）数字经济的内涵与外延将持续快速扩展

当前世界各国对数字资源重要性的认识以及数字技术的创新发展等

已非昔日可比，出现了云计算、物联网、大数据、人工智能、虚拟现实等新技术新应用和平台经济、共享经济等新模式、新业态。可以说，今天所说的数字经济，实际上是一种“新数字经济”。未来，随着技术的发展、模式的创新和认识的提升，数字经济的内涵将进一步创新。

（二）需求增长将鼓足数字经济发展动力

从消费层面看，我国正处于消费升级期，数字消费属于消费的重点；从产业层面看，我国正处于产业升级期，大数据正成为与土地、劳动等同等重要的生产要素，智能制造正在引发新一轮制造业变革，数字化、虚拟化、智能化技术将贯穿产品的全生命周期，云计算、大数据、物联网技术等将加快向传统行业渗透，产业升级需求将孕育更加广阔的市场空间；从创新层面看，数字经济将成为创新创业的重要领域，大量的智力资源、资金资源将涌入数字经济领域，为其发展注入持续动力。

（三）政策创新将优化数字经济发展环境

后金融危机时代，各个国家都在数字经济领域发力，试图加快经济转型，实现可持续发展。我国也在近几年陆续推出多个规划、指导意见，路以推动大数据、互联网等数字经济领域的发展。未来，国家对数字经济的支持，将推动相关产业政策的创新，从而进一步优化数字经济的发展环境。

（四）数字经济发展将加速完善保障体系

推动数字经济发展，需注重配套保障设施建设。在基础保障方面，将进一步推进宽带网络升级，提高互联网普及率，发展新型应用基础设施；在创新保障方面，将加快信息技术创新步伐，推动数字技术与各领域的协同创新，打造公共创新服务载体，优化创业创新孵化空间；在安全保障方面，将加快建设关键信息基础设施安全保障体系，增强网络空间安全防御能力，加强数据资源和用户信息安全防护；在统计保障方面，将探索建设适应数字经济特点的统计体系，使数字经济发展成果可见、可观，为数字经济的进一步发展鼓足干劲。

（五）数字红利共享机制建设将加速推进

要实现共享发展，就要让数字经济发展的红利实现普惠性释放，为此需要推进相关机制建设，如数字就业促进机制、数字技能提升机制、数字精准扶贫机制、数字政府长效机制等。

（六）数字经济与资本的关系将更加密切

信息技术、互联网、云计算、大数据等已成为资本市场瞩目的焦点。未来，随着数字经济的发展，其与资本的关系将更加密切。一方面，资本市场的大力支持将推动数字经济的发展；另一方面，数字经济的发展将提升效率，对资本市场长远发展产生积极影响。

（七）数字经济将成为推动全球化的新平台

数字经济本身就是全球经济，能够扩大贸易空间，提高资本利用效率，在促进市场竞争的同时催生创新。未来，随着数字经济的发展，将给世界各国带来新的全球化平台，各国有望通过数字市场的不断开放，加速国内市场和国际市场的融合，实现互利共赢。

二、数字经济的技术及应用发展

数字经济要在中国落地，需要动员各界的力量，运用数字技术来解决问题。“互联网 +”是一种技术手段，数字经济是结果。作为数字经济发展的依托，网络信息技术产业是一个相对宽泛的概念，目前正以互联网、大数据、云计算、人工智能、区块链等技术为发展热点，为数字经济发展提供技术条件和产业基础。

（一）互联网发展基本面向好

1.全球网民渗透率将近过半

据互联网数据统计机构 Internet World Stats 的数据，冰岛、丹麦、荷兰、挪威、塞浦路斯等国家的互联网普及率已超 95%，“国民即网民”的时代加速到来。就规模来看，中国、印度、美国、巴西、印尼、日本和

俄罗斯等 7 个国家的网民规模居前，均超过 1 亿人。印度和印尼两个人口大国近年来网民规模增长迅速。

自 2007 年 1 月苹果公司推出新一代 iPhone 手机，移动互联网已有十几年发展历程。十几年来，移动互联网高歌猛进，颠覆了传统互联网的商业模式，催生了共享经济、O2O 等诸多新业态。移动互联网成为互联网产业发展的主要基础设施。

2. 互联网终端进入后移动时代

根据市场调研机构 Stat Comiter 的数据，2016 年 10 月，全球智能手机和平板电脑占全球互联网使用量的 51.3%，桌面端为 48.7%。移动互联网的使用量在全球范围内首次超过了桌面互联网。在中国、日本、韩国、英国等国家，移动互联网早已取得绝对优势。例如，根据艾瑞咨询的数据，2016 年，中国移动购物在整体网络购物交易中占比 70.7%。这标志着移动互联网时代在全球范围内全面到来，互联网发展进入后移动时代。

我国网民规模经历十多年的快速增长后，人口红利逐渐消失，网民增长率趋于稳定。根据中国互联网络信息中心（CNNIC）数据，截至 2021 年 12 月，我国网民规模达 10.32 亿人，较 2020 年 12 月增长 4296 万人，互联网普及率达 73.0%。

（二）云计算迎来市场收获期

2006 年 8 月，谷歌在业界首次提出“云计算”的概念；同年，亚马逊相继推出在线存储服务（S3）和弹性计算云（EC2）等云服务。谷歌和亚马逊共同开启了云计算快速发展大幕。十几年来，各种类型的企业纷纷拥抱云计算。云计算几乎改变了整个 IT 产业格局，迎来了市场收获期。

1. 亚马逊、微软等巨头主导全球云计算发展

亚马逊、微软、IBM 和谷歌四大厂商主导了全球云计算市场。根据信息技术研究和分析公司 Gartner 的数据，四家公司占据全球云计算基础服务市场一半以上的份额。

AWS 是亚马逊无意间发展起来的云计算业务，如今已成为全球最大的云计算厂商，是当之无愧的云计算霸主。在全球 PaaS（平台即服务）

公开市场，AWS 的市场份额几乎超过 Salesforce、微软和 IBM 三大厂商之和。

AWS 不断推出新产品，不断降低原有产品的价格。成立十几年时间，AWS 降价达 52 次之多。正是依托于云计算业务的巨大成功，亚马逊在 2016 年成为世界第五大上市公司。

微软是由传统 IT 厂商成功转型云服务的典范。2014 年，微软确立了“移动优先、云计算优先”的新战略。凭借 Office365 和 Azure 双引擎，微软奠定了行业第二的地位。基于云计算和人工智能的发展，微软的市值也在时隔 17 年后的 2017 年 1 月重新达到 5000 亿美元高点。

另一传统 IT 巨头 IBM 的转型则相对艰难。IBM 先是转型做软件和咨询服务，后才转向云计算。尽管 IBM 已成为私有云的领导者，但尚不能扭转公司业绩不断下滑的趋势。

为加快追赶亚马逊和微软的步伐，谷歌加大了对云计算的布局调整。2015 年 11 月，谷歌花费 3.8 亿美元重金挖来 VMWare（威睿）联合创始人戴安·格林（Diane Greene），负责新成立的云计算应用和基础设施部门。2016 年 10 月，谷歌将企业沟通服务 Google for Work、云办公处理软件、Cloud Platform，甚至企业级的安卓手机、平板和 Chromebook 电脑等软硬件，都归到格林手下。这是谷歌当年最大的一次架构调整。

2. 第二梯队企业加大投资并购力度

亚马逊、微软、IBM 和谷歌四大厂商的主导地位已经确立，短期内难以改变。但云计算的涉及范围广，市场空间大，在诸多细分领域仍有数量众多的成功企业。尤其是那些实力雄厚且位于第二梯队的云服务商。2016 年，以甲骨文、Salesforce 为代表的第二梯队企业取得了突出成绩。它们主要通过加大投资并购力度，来巩固优势、弥补不足。全球第二大软件公司甲骨文是闻名的收购大户。根据创业公司数据库 Crunch Base 的数据，其收购总数量达到了 115 家。历史上不乏著名的案例，如以 103 亿美元收购仁科，对 BEA Systems、SUN、Siebel Systems、Micros Systems 等四家公司的收购金额均在 50 亿美元以上。

甲骨文公司目前积极向云计算转型。2010 年以来，其收购的重点转向云计算，特别是 SaaS 供应商，来填补特定垂直市场的空白。2016 年，甲骨文的并购十分活跃，一共花费了 120 亿美元成功收购 9 家公司。其

中，最大一笔交易是斥资93亿美元收购云服务解决方案供应商NetSuite，这也是甲骨文史上第二大的收购。云软件创业公司Ravello Systems、建筑工程云服务提供商Textura、节能数据云服务公司Opower、基于云的互联网性能和DNS（域名系统）提供商Dyn等四家公司的收购价格均在5亿美元以上。甲骨文的转型已取得阶段性进展，2017财年第二季度，其云服务总营收首次突破10亿美元大关，达到10.5亿美元，增速高达62%。Salesforce在企业SaaS领域居领先地位，是在线CRM（客户关系管理）的领导者。

3. 中国市场阿里和腾讯处于领先位置

中国的云计算市场规模相对较小，但发展迅速。其中，阿里云和腾讯云处于领先位置。云计算是阿里巴巴当前的发展亮点。腾讯云在海外的服务节点为14个，加上国内5个数据中心，腾讯云一共拥有19个全球服务节点。腾讯云也因此成为全球云计算基础设施最完善的中国互联网云服务商。

4. 科技企业纷纷拥抱云计算

云计算的快速发展，颠覆了传统的IT基础架构，对IT厂商产生了巨大冲击。IT巨头积极调整业务布局，如赛门铁克和惠普都一拆为二，IBM卖掉了X系列服务器，戴尔收购了EMC（易安信）等。最为重要的是，微软、IBM、甲骨文、SAP、思科、联想、英特尔等老牌厂商已逐渐把战略中心转向云计算。

（三）人工智能进入发展黄金阶段

1956年，麦卡锡、香农等10位年轻学者在达特茅斯夏季人工智能研究会议上首次提出人工智能（Artificial Intelligence，AI）的概念。60多年来，人工智能的发展起起伏伏。10位科学家中的最后一位——明斯基也在2016年初离开人世。

2016年是一个时代的结束，也是新时代的开端。2016年3月，谷歌Alpha Go（阿尔法围棋）战胜韩国围棋九段李世石，震惊世界，迅速引起了人们对人工智能的关注。受到广泛关注背后的深层次原因是，新一轮的技术创新把人工智能发展带上了快车道。由于随处可见的互联网、大数据和传感器，基于云平台的大规模计算能力，以及算法的重大突破，计算机已经可以凭借深度学习，独立完成更为复杂的任务，人工智能已经无处不在。

1.世界各国纷纷出台人工智能战略

美国是信息技术的起源地，引领着人工智能的发展。自2013年开始，美国发布了多项人工智能计划，之后更是加紧了对人工智能的布局。美国国防部高度重视人工智能技术，认为人机协作是第三次抵消战略中的“高科技圣杯”，并于2015年在硅谷新成立DIUX外设办公室，以加强与新兴创新企业的合作。作为互联网的发明者，美国国防高级研究计划局（DARPA）正在加快研究人工智能技术，在2016年8月发布了“可解释的人工智能”（XAI）项目广泛机构公告。除国防领域外，2016年10月美国白宫发布《为未来人工智能做好准备》，美国国家科学技术委员会发布《国家人工智能研究与发展战略计划》；12月，美国白宫跟进发布《人工智能、自动化与经济》报告，从而将人工智能上升到国家战略层面，为美国人工智能的发展制订了宏伟计划和发展蓝图。

除美国外，2016年还有多国政府发布了相关发展战略与计划。例如，英国政府发布《人工智能：未来决策制定的机遇和影响》；日本文部科学省确定了“人工智能/大数据/物联网/网络安全综合项目”（AIP项目）2016年度战略目标，《日本再兴战略》将人工智能发展列为十大复兴战略之首；中国发布《机器人产业发展规划（2016—2020年）》和《“互联网+”人工智能三年行动实施方案》。2016年之前，欧盟也发布了《欧盟人脑计划》。

2.人工智能成为科技巨头的战略支点

当前，移动互联网发展红利逐步消失，后移动时代已经来临。科技巨头纷纷把人工智能作为后移动时代的战略支点，努力在云端建立人工智能服务的生态系统。

2016年，Facebook、亚马逊、谷歌、百度等公司不约而同地宣布人工智能是它们未来的业务核心。扎克伯格（Zuckerberg）在4月的F8开发者大会上发布了Facebook未来十年规划，人工智能成为其远景布局中的三大支柱之一。亚马逊创始人贝佐斯（Bezos）在6月表示，Alexa语音助手有望成为继电商、Prime（亚马逊高级会员服务）和AWS（亚马逊网络服务）之后的公司第四大业务支柱。谷歌在10月宣布其发展战略从

“移动先行”（Mobile First）转向“人工智能先行”（AI First）。

面对人工智能的机遇和挑战，2016年9月，Alphabet、IBM、Facebook、亚马逊和微软五家美国科技巨头宣布组成人工智能伙伴关系（Partnership on AI）；四个月后，苹果公司也加入其中。人工智能伙伴关系致力于推进公众对人工智能技术的理解，同时将设立未来人工智能领域研究者需要遵守的行为准则，并针对当前该领域的挑战及机遇提供有效的实践。

在国内，百度布局人工智能的时间较早，2013年就成立了深度学习研究院和硅谷人工智能实验室，2016年9月，发布百度大脑，强调：人工智能将是百度核心中的核心。腾讯也成立了人工智能实验室，聚焦自然语言处理、语音识别、机器学习、计算机视觉等四大发展方向。

3. 顶尖人才争夺战激烈上演

人工智能的发展离不开顶尖的科学家。而全球顶尖人工智能人才十分稀少，仅有寥寥几十人，且主要分布在以卡内基梅隆大学、斯坦福大学为代表的高校院所。2016年，科技公司对人工智能人才的争夺日益激烈。它们不惜重金，开出的薪资待遇堪比NFL（美国国家橄榄球联盟）球星的签约费。

其中，谷歌对人工智能人才的争夺最为抢眼。2013年3月，谷歌挖到多伦多大学计算机系教授、深度学习鼻祖杰弗里·辛顿（Geoffrey Hinton）。2016年11月，谷歌吸引到了两位计算机视觉领域的佼佼者——斯坦福大学计算机系终身教授、人工智能实验室与视觉实验室主任李飞飞，以及Snap-cliat公司研究部门负责人李佳，两人开始管理和领导谷歌全新的机器学习部门。

除了谷歌，其他竞争对手也大力招募人工智能“大牛”。Facebook早在2013年就聘请纽约大学计算机学家、人工智能领域的著名教授雅恩·乐昆（Yann LeCun），来担任新成立的人工智能实验室的主管。Uber（优步）在2015年聘请了卡内基梅隆大学国家机器人工程中心的140位工作人员中的40位，并专门拨出一个团队研究自动驾驶汽车。苹果在2016年10月聘请卡内基梅隆大学机器学习教授鲁斯兰·萨拉赫丁诺夫（Ruslan Salakhutdinov）作为该公司人工智能研究的负责人。微软在人工智能领域的人才储备最为丰富，2016年，微软成立了新的人工智能和微软研究事业部；

2017年初，通过收购加拿大深度学习创业公司Mahiuba，得到了Makuiba顾问、深度学习领域的杰出人物约书亚·本吉奥（Yoshua Bengio），来担任微软的特聘顾问。2017年初，微软全球执行副总裁、人工智能领域的技术权威陆奇加盟百度。机器人创业公司优必选在2016年底聘请了IEEE（电气和电子工程师协会）前主席霍华德·米歇尔（Howard Michelle）。

4.创业创新投资快速增长

自2012年开始，人工智能初创企业投资开始快速增长，2016年更是如此。据CB Insight网站统计，2016年人工智能领域投资交易达到658宗，融资额50亿美元，比2015年增长64%。

国内的形势也同样乐观。《乌镇指数：全球人工智能发展报告（2016）》显示，中国人工智能投资在2016年上半年达到了约6亿美元的规模，其中，第二季度更是达到了创纪录的4.7亿美元，显示出中国在人工智能领域的投资明显加快，紧跟在美国、西欧各国等发达国家之后。

2016年，人工智能领域还诞生了三家新的独角兽公司，即无人驾驶汽车创业公司Zoox、中国的健康医疗人工智能初创企业碳云智能和美国的人工智能网络安全初创企业Cylance。

科技公司也加强了专利竞争。根据CB Insights的数据，在美国五大科技巨头中，微软和谷歌的人工智能专利申请数量居领先位置。2009年以来，微软已经申请了超过200项与人工智能相关的专利，谷歌超过150项。2013年，谷歌申请的人工智能技术专利数量远超微软，而苹果的专利数量则相对落后。

（四）区块链创造信任促进价值全球流动

区块链技术起源于化名为“中本聪”（Satoshi Nakamoto）的学者在2008年发表的奠基性论文《比特币：一种点对点的电子现金系统》。区块链为传统的分布式系统赋予了一种崭新的、更加广泛的协作模式，解决了点对点对等网络下的数据一致性问题。和基于单一信用背书实体的传统信任机制不同，区块链技术创建了一种基于公认算法的新型信任机制。由于算法的客观性，即使网络中存在恶意节点，也能保证达成共识，实现业务的正确处理。这便是区块链技术的显著优势，可使多个行业和领域受益。

世界各国十分重视区块链发展。区块链的发展道路充满了曲折和艰辛。但随着各国政府对于区块链认知的不断提高，各国相关政府部门纷纷从国家战略层面对区块链的发展进行推动，力求在未来区块链的技术发展中占据领先地位。

从国际组织看，联合国社会发展研究所（UNRISD）在2016年初发布《加密货币以及区块链技术在建立稳定金融体系中的作用》报告，提出了关于利用区块链技术构建一个更加稳固的金融体系的想法，并认为区块链技术在改善国际汇兑、国际结算、国际经济合作等领域有着很大的发展空间；国际货币基金组织（UMF）也针对各国关注的数字货币问题发布了《关于加密货币的探讨》报告，对基于区块链技术的加密货币的未来发展进行了具体的分析和阐述。

从美洲方面看，多个监管机构从各自的监管领域表明了对区块链技术发展的支持态度。例如，2015年11月10日，美国司法部举行了数字货币峰会，呼吁政府和行业之间加强沟通；美国证券交易所已经批准在区块链上进行公司股票交易，美国商品期货交易委员会在关注区块链技术发展的同时，进一步强化监管。目前，该交易委员会已将比特币作为大宗商品来进行监管；美国国土安全部也开始身体力行地研究区块链在国土安全分析和身份管理中的应用。

从欧洲方面看，英国政府在2016年初发布了一份关于分布式账本技术的研究报告，第一次从国家层面对区块链技术的未来发展应用进行了全面分析，并给出了研究建议。该报告也是迄今为止最为全面透彻、立足层面最高的研究报告，为其他国家在区块链领域的政策制定与技术研究提供了有益的借鉴和参考。俄罗斯互联网发展研究所于2015年底向总统普京提交了一份包含区块链技术发展路线图的报告，对该技术发展的未来法律框架进行了规划。2015年12月底，突尼斯宣布已开始研究通过加密技术发行本国货币，以提升本国的金融服务能力。立陶宛于2016年4月举办了波罗的海地区最大的区块链会议，会议重点讨论了数字货币解决方案和分布式账本协议，力争将立陶宛建设成为全球性的金融科技（Fin Tech）中心。欧洲中央银行也在探索如何将区块链技术应用于该地区的证券和支付结算系统。

从亚太地区看，澳大利亚中央银行表态支持银行对分布式账本技术进行积极探索，提议全面发行数字货币澳元，充分利用区块链技术的优势来革新传统金融服务。2015 年 10 月 16 日，日本经济产业省召开金融科技会议，会上专门研究并讨论了区块链技术的未来发展与影响。2015 年 11 月 13 日，新加坡总理呼吁该国银行和监管机构密切关注区块链等最新科技的发展，不断改进自身技术，创新商业模式，提高服务水平。2016 年 2 月 3 日，韩国中央银行发布题为《分布式账本技术和数字货币的现状及启示》的研究报告，对数字货币和分布式账本技术进行积极研究与探讨。

在我国，中国人民银行和工信部等部门也在积极探讨推动区块链技术的发展与应用，以促进其价值发挥，提早防范风险。

第二章 数据要素与数字经济的发展

第一节 数字经济中数据的重要性

把数据作为一种生产要素单独列出，反映了我国经济新常态的新特征，是中国特色社会主义市场经济的重要理论创新，对推动数字经济发展、提升数据要素价值具有重大现实意义。作为新生事物，目前，无论在理论方面还是实践方面，数据要素的一些基本问题和概念都存在进一步探讨和辨析的必要。

一、“互联网 +”下数字经济中数据的普遍化发展

世界是物质的，物质是数据的，数据无处不在；同时，数据是可以被计算和量化的，这就是所谓“万物皆数据”。

从互联网到物联网，从 1G 到 5G，所有物理世界中的事物都可以作为传感器，数据交互实时发生，这就是所谓“无处不互联”。

呈指数级增长的数据，淡化了现实与虚拟的区别，模糊了供给与需求的边界，并一步步改变着我们的生产、生活和思维方式，一步步塑造着新的经济形态、经济秩序和经济规则。这一切是怎么发生的？数据的力量来自哪里？数据的价值何在？要回答这些问题，最直接的方式是回到事情发生的原点，即解答什么是数据的问题。

（一）数据是能够被数字化传递或处理的记录

要回答什么是数据，就要先来看两个经常被引用的定义。

一个出自 2002 年，数据是“进行各种统计、计算、科学研究或技术设计等所依据的数值”；另一个出自 2018 年，数据是“能够被数字化传递或处理的数字形式信息”。

前者随后又对“数值”进行了定义，“一个量用数目表现出来的多少，叫作这个量的数值”。如 3 克的“3”，4 秒的“4”，似乎是将数据和数字等同起来。数字就是数据这个表述没有问题，但是说数据就是数字，则不符合现在的实际情况，显然很难令人满意。

后者在定义中提出了“信息”这个概念，以一个抽象概念定义另一个抽象概念，这种思维上的误区产生的定义同样难以令人满意。但其可取之处在于，指出了数据的一个重要特点，即“能够被数字化传递或处理”，这也是数据之所以成为生产要素的基本条件之一。

数据其实是一个带有鲜明技术色彩的概念，其内涵随着技术的更新与迭代不断延伸，尤其是信息技术的发展使数据的形式和内容都发生了巨大改变。数据曾经就是数字，但现在，文本、声音、图片、视频甚至行动轨迹等先后成为数据，而数据的应用早已跳出了“统计、计算、科学研究或技术设计”等领域的限制，深入社会经济、商业活动和人们日常生活的方方面面。

数据是能够被数字化传递或处理的记录。这里包括两层含义。一方面，数据是观察的产物，是对已经发生的行为、事件的客观或者主观的记录。这种记录可以由人产生，也可以由机器产生；可以来自线上，也可以来自线下。另一方面，作为生产要素的数据，必须能够被数字化传递或处理，不能被数字化传递或处理的记录，无法形成产业效应、支撑社会治理和规模化商业应用以及产生显著的经济效益和社会效益。因此，虽然就存在形态而言，目前的数据有数字化的，也有非数字化的，但随着数字经济的发展，非数字化的数据会越来越少，并终将被数字化。

数据的产生依赖于记录数据的技术工具。不同时期有不同的技术工具，因此，数据的形式和内容始终处于动态变化中。我们无法预测 10 年后数据的形式和内容，10 年前我们也预想不到现在数据的形式和内容，更不会想到，数据会成为生产要素。

（二）三类三级区分法

数据的类型繁多，目前还没有科学的分类分级规则。按照产生数据的主体和数据的来源，将数据大致分为政务数据、企业数据和个人数据三类。同时，在三类数据中，按照风险级别、商业价值和隐私程度，分为红色数据、橙色数据和绿色数据三级。

其中，红色数据风险等级最高、商业价值最大、隐私程度最强，应严格控制其使用范围，禁止其流通和交易；橙色数据次之，是流通和交易数据的主体，部分橙色数据在自愿的前提下，可以开放共享；绿色数据风险级别最低、商业价值最小、隐私程度最弱，是开放共享数据的主体，在市场有需求的前提下，可以流通和交易。

数据的分类分级可能会衍生出专业学科和岗位，三类三级区分法是笔者从易于应用的角度提出的一种解决思路，其中需完善补充之处甚多，尚需深入探讨，在此仅对三类区分法略做说明。

政务数据，即只有政府部门才有权力采集、拥有、管理和发布的数据，如财政、税收、统计、金融、公安、交通、医疗、卫生、食品药品管理、就业、社保、地理、文化、教育、科技、环境、气象等数据。政务数据具有权威、公信力强、专业化和全覆盖等特点。

企业数据，即市场机构进行商业活动或因其他需求所采集、加工、整理和拥有的数据，如电商平台、搜索引擎、社交网络平台、通信运营商、银行、支付清算组织、科技公司等拥有的数据。企业数据具有集中度高，内容丰富、精确和确权难等特点。

个人数据是自然人在网络上留下的痕迹，包括静态数据和行为数据两种类型。静态数据如姓名、年龄、性别、民族、声纹、指纹、人脸、地址、身份证号码、联系人列表、个人爱好和经济条件等；行为数据如消费、交易、评论、互动、游戏、直播、搜索和行动轨迹等。个人数据既包括自然人主动提供的数据，也包括在自然人不知情情况下被动抓取的数据。个人数据具有隐私性强、碎片化、真实和确权难等特点。

当然，在政务数据、企业数据和个人数据三种类别中，同一数据在不同类别中会有一定的交叉，需要在应用的时候具体分析。

（三）数据是21世纪的原材料

在数据成为要素的时代，数据的角色发生了改变。数据曾经是人们观察自身、社会和自然的结果，不会自动出现在我们面前。

但是，现在通过各种传感器和智能设备，越来越多的数据自动涌现，令人眼花缭乱，甚至影响人们的思维方式和学习方式。经验变得不再重要，相关关系取代因果关系成为研究的重点。在科技、研究、生产和服务等领域，数据不再只是结果，而且成为科技、研究、生产和服务等领域的对象和工具，成为科技、研究、生产和服务等领域的基础和创新源泉。这是数据的第一个特点。

数据的第二个特点是，虽然现在数据越来越容易获取，但相对而言，数据的采集、存储和处理需要较高的前期沉没投入成本，与后期使用时的可复制、可重复使用、可共享、趋近于零的交易成本形成巨大反差。这种特殊的结构和特点，可以从一定程度上解释“数据烟囱”林立、“数据孤岛”密布和数据垄断等令人无可奈何的现状。

数据的第三个特点是，数据可以被生产，不能被销毁，在物理上不会消减或腐化。因此，数据又是一种无形的、能被反复交易的生产要素。同时，数据可积累，不同数据之间具有互补性、相互操作性和可连接性。数据与数据的聚合，既可能存在规模报酬递增情形，也可能存在规模报酬递减情形。并不是数据越多，价值就越大，数据规模不是数据价值的决定因素，相对来说，数据内容和数据质量更重要。

数据的第四个特点是，数据价值具有相对性，估值困难。一方面，一些数据具有时效性，其价值随时间变化而变化；另一方面，同一组数据对不同对象、在不同场景下的价值可能大相径庭。数据的大部分价值是潜在的、未知的及不确定的，对数据价值的判断和挖掘将成为数字经济时代最重要的能力。

数据的本质，是蕴含在数据背后的信息和知识。至于数据、信息和知识三者之间的关系，我们可以从一百多年前英国作家艾略特的诗歌中得到启迪（后来被提炼为DIKW模型）。简单地说，信息是经过处理的、具有逻辑关系的数据，知识是经过归纳、演绎的有价值的信息，即从数据中提取信息，从信息中沉淀知识。数据本身也许没有任何意义，但是，它是21世纪的原材料。数据天然具有技术基因，因此，作为生产要素的

数据，与其他生产要素特别是技术要素相结合，可以产生巨大的价值，并赋予其他生产要素强大的能量。这是数据的第五个特点。

二、数据与新基建

2020 年 5 月 22 日，新型基础设施建设（以下简称新基建）被首次写入《政府工作报告》。经济发展离不开基础设施建设，基础不牢，地动山摇。新基建就是数字经济发展的战略基石，是赋能传统产业和新兴产业的重要支点。

数字经济始于数据要素，数据要素始于新基建。

（一）新基建是数据的基础设施

新基建的概念始自 2018 年。2018 年 4 月，我国举办全国网络安全和信息化工作会议，会议上强调信息基础设施和网络基础设施建设，当年年底的中央经济工作会议对新基建进行了布局。

新基建是个带有时代感和中国特色的概念，是对数字经济基础设施建设的高度概括。目前，对新基建的具体指向还没有形成统一的规定。为便于讨论，本书提到的新基建，特指以物联网、云计算、大数据、人工智能和区块链等新一代信息技术为支撑的基础设施建设。这五项技术的共同点是，均围绕数据要素的全生命周期开展了一系列创新与应用，推动了数据要素的爆发性增长和大规模使用，并使数据要素产生了规模报酬递增效应。五项技术出现的时间，均远远早于新基建概念提出的时间。从理论上说，这既是个正常现象，也是件有趣的事情。

新基建的核心是增强数据采集、存储、传输和计算能力，使信息技术在各领域广泛应用。新基建是数字经济的基础设施，是数字经济发展的基石。

（二）新基建五项技术在数据应用过程中的逻辑关系

物联网、云计算、大数据、人工智能和区块链五项技术层层递进，构成了一个密不可分的处理数据的整体。数据是能够被数字化传递或处理的记录。“数字化传递或处理”，成为物联网、云计算、大数据、人工智能和区块链技术的连接纽带。

1. 物联网

物联网概念最早出现在比尔·盖茨 1995 年出版的《未来之路》一书中。1998 年，美国麻省理工学院提出当时被称作 EPC 系统的物联网构想。2005 年 11 月 17 日，国际电信联盟（ITU）发布《ITU 互联网报告 2005：物联网》，正式提出物联网的概念。

物联网的定义是：通过射频识别、红外感应器、全球定位系统、激光扫描器等信息传感设备，按约定的协议，把任何物品与互联网相连接，进行信息交换和通信，以实现对物品的智能化识别、定位、跟踪、监控和管理的一种网络。

人、机、物之间的信息交互是物联网的核心。从通信对象和过程看，物联网的基本特征可概括为整体感知、可靠传输和智能处理。

整体感知——可以利用射频识别、二维码、智能传感器等感知设备获取物体的各类信息；可靠传输——通过对互联网、无线网络的融合，将物体的信息实时、准确地传送出去，以便信息交流和分享；智能处理——使用各种智能技术，对感知和传送到的数据、信息进行分析处理，实现监测与控制的智能化。

物联网即“万物相连的互联网”，是在互联网基础上进行延伸和扩展的网络，是使用传感设备把物品与互联网连接起来进行信息交换的网络，可以在任何时间、任何地点，实现人、机、物的互联互通，实现物理生产环境的智能化识别、定位、跟踪、监控和管理，提供实时、客观、海量的原始数据。物联网是数字经济和数据采集、传输的最底层信息基础设施。

2. 云计算

2006 年 8 月 9 日，谷歌首席执行官埃里克·施密特首次提出云计算（Cloud Computing）的概念。但其源头可以追溯到 1965 年 Chris-topher Strachey 发表的一篇论文，该文提出了“虚拟化”的概念，而虚拟化正是云计算基础架构的核心，是云计算发展的基础。

云计算是一种通过网络将可伸缩、弹性的共享物理和虚拟资源，以按需自服务的方式供应和管理的模式。云计算有三种服务形式：基础即服务（IaaS）、平台即服务（PaaS）和软件即服务（SaaS）。

其基本技术包括虚拟化技术、分布式存储以及资源调度和管理等，

异构计算、微服务、边缘计算、智能融合存储和意图网络等技术是下一代云计算技术的发展方向。

经过多年实践，目前，云计算已经完成了对计算资源和存储资源的软件定义，发展成一种公共计算服务。

云计算本质上是将具备一定规模的 IT 物理资源转化为虚拟服务的形式，并将其提供给消费者，具有可靠性和可扩展性。云计算改变了 IT 设施投资、建设和运维模式，降低了 IT 设施建设和运维成本，提升了 IT 设施承载能力，并凭借强大的计算能力和海量的存储能力，通过数据集中汇聚，形成“数据仓库”，实现数据的集中管理，提升了数据的共享程度。

3. 大数据

大数据伴随着计算机应用和网络发展应运而生。20 世纪 90 年代，数据库技术的成熟和数据挖掘理论的成熟，成为大数据发展的基础。2006—2009 年，谷歌发布《基于集群的简单数据处理：MapReduce》，主要技术包括分布式文件系统 GFS、分布式计算系统框架 MapReduce、分布式锁 Chubby、分布式数据库 BigTable、大规模的数据集并行运算算法，以及开源分布式架构（Hadoop），标志着大数据的正式出现。

2011 年，麦肯锡全球研究所对于大数据的定义是：一种规模大到在获取、存储、管理、分析等方面大大超出传统数据库软件工具能力范围的数据集合。其技术特点是，对海量数据进行分布式挖掘，但必须依托云计算的虚拟化技术、分布式处理和分布式数据库等。

大数据的主要技术包括数据的采集、储存与清洗、查询与分析以及可视化展示等四类技术。随着技术的成熟，2013 年，大数据开始向商业、科技、医疗、教育、经济、交通、物流等领域渗透。

大数据的意义不在于掌握庞大的数据，而在于对庞大的数据进行专业化处理。大数据具备随着数据规模扩大进行横向扩展的能力，可以将结构化数据、非结构化数据、业务系统实时采集数据等，以分布式数据库、关系型数据库、非关系型数据库等数据存储计算技术进行分类存储、计算、管理以及高效实时的处理，剔除没有价值的数据，提炼不同的特征，对汇聚和存储的海量数据进行归纳、挖掘、分析和总结。

4. 人工智能

人工智能（AI）是一门结合了自然科学、社会科学、技术科学的新兴学科。人工智能的本质是完成机器对人的思维的模拟、延伸和扩展，具体体现在计算智能、感知智能与认知智能三个方面。

1956 年，马文·明斯基、约翰·麦卡锡和香农等人组织了达特茅斯会议。会议确定了人工智能的名称和任务，达特茅斯会议被认为是人工智能诞生的标志。

人工智能主要研究方法的发展主要分为以下几个阶段：① 20 世纪 40 年代到 50 年代，依托于大脑模拟，制造出使用电子网络结构的初步智能；② 60 年代，符号处理法出现；③ 80 年代，子符号方法出现；④ 90 年代，统计学法出现；⑤ 90 年代后期，结合上述方法衍生出集成法；⑥ 21 世纪至今，随着硬件计算能力的提升，自动推理、认知建模、机器学习、深度神经网络（DNN）、专家系统、深度学习、语音识别、图像识别、自然语言处理相关技术的提升及运用，使人工智能在经历多次低谷后开始进入持续爆发期。

深度学习是人工智能的关键技术，而深度学习正是在物联网、云计算和大数据日趋成熟的背景下，才取得了实质性的进展，信息技术相互融合、相互依赖和相互促进的关系及重要性也由此可见。

算法、算力与数据是人工智能崛起的主要原因。目前，人工智能的智慧化、通用化程度仍有待提升，在跨领域等复杂场景中的处理能力仍显不足，与脑科学、神经科学、数学等学科的交叉研究，将成为人工智能进一步发展的方向。

人工智能凭借机器学习、自然语言处理、生物识别、语音技术等关键技术，对数据进行智能分析和决策，有助于解决物联网设备之间各种通信协议不兼容的问题，提高数据采集与处理的质量和人机交互能力。

5. 区块链

区块链也称分布式账本（Distributed Ledger），是由包含交易信息的区块从后向前有序连接起来的数据结构。区块链不是一项单独的技术，而是现有技术的集成式创新，这些技术早已出现。例如，共识算法在 20 世纪 60 年代就已经出现，智能合约在 90 年代初开始探讨。2016 年，中华人民共和国工业和信息化部指导编写的《中国区块链技术和应用发展白皮书（2016）》，提出了共识机制、数据存储、网络协议、加密算法、隐私保护和智能合约六类区块链关键技术。目前，区块链主要应用在数

字货币、溯源、存证、供应链金融、跨境交易和资产数字化等领域。

区块链主要分为公有链、私有链、联盟链和许可链四类，已经发展为一种新型基础架构和计算范式。但要实现区块链的规模产业应用，还要在共识网络下高吞吐及低延时的交易处理能力、链上数据安全及隐私保护、低成本分布式存储以及区块链之间的兼容性和可操作性等方面取得重大突破。

区块链的本质，是在数字经济时代构建以技术为背书的全新信任体系。

区块链具有分布式存储、去中心化、数据不可窜改的特点，区块链上的数据按照时间顺序形成链条，具有真实、可追溯等特性。

信任在任何时候都是商业得以进行的基础，区块链有助于人工智能实现契约管理，并提高人工智能的友好性。从逻辑关系看，物联网可以广泛感知和采集各种数据，起到数据获取的作用；云计算可以提供数据的存储和处理能力，起到数据运算的作用；大数据可以管理和挖掘数据，从数据中提取信息，起到数据分析的作用；人工智能可以学习数据，将数据变成知识，起到数据智能的作用；区块链则以技术构建了一个新的信任体系，可以使人们在素不相识的情况下，开展商业活动，进行价值交换，起到数据信任的作用。

简而言之，即物联网提供数据获取，云计算提供数据设备，大数据提供数据分析，人工智能提供数据智能，区块链提供数据信任，五项技术层层递进，构成了一个处理数据要素密不可分的整体。

三、数据在数字经济中的价值

遗忘是人的天性，但互联网可以帮你记忆，而且是以数据的形式留存。虽然我们不知道未来数据的形式和内容，但我们相信，与现在看起来数量巨大的数据相比，未来数据才是江河大海，取之不尽，用之不竭。

孤立的数据没有价值，数据的价值在于可计算、可量化和可流动。信用曾经是一种道德评价，现在却成为可以进行实时分析和商业利用的数据。当所有的经济活动、日常行为和社会管理活动，都转变成数据的时候，数据就不再只是原材料，而且将是最有价值的商品和生产要素了。

在数字经济时代，数据具有长期的价值，可以长久保存。这里的“价值”，泛指人或物表现出来的正面作用和积极意义，而非特指经济学中商品的性质。具体来说，本节认为数据在数字经济中的价值，主要体现在以下三个方面。

（一）数据是数字经济的基础与核心

基础和核心是两个容易混淆的概念，但两者的指向意义不同。比如，可以说支付是商业银行的基础性业务，但不能说支付是商业银行的核心业务。实际上，10 年前，商业银行是将支付等业务外包出去的，这也是我国第三方支付行业发展起来的重要原因之一。即便是现在，支付业务的收入也仅占商业银行利润的很小一部分，仍没有成为商业银行的核心业务。对数字经济来说，数据既是基础，也是核心。没有数据，数字经济将成为无源之水、无本之木，数据和数字经济须臾不可分离。新基建是数字经济发展的基本条件，起着支撑数据作为生产要素的作用。数据不但是数字经济发展的基础，也是新基建发展的基础。

就核心而言，数据可以赋能各类市场主体，发挥乘数效应，促进信息化的深入渗透，成为商品价值的有机组成部分，形成经济决策的数据驱动，催生新的经济形态和商业模式，激发组织变革和制度创新。数据不但改变了经济增长结构，而且提升了经济增长质量。

（二）数据是数字经济发展与创新的动力与引擎

数据叠加新基建，很大程度上降低了数据采集、传送、存储、处理和应用的门槛，打破了信息获取的时间和空间限制，促进技术创新跨地域、跨系统、跨业务高效融通，提升了技术创新的速度和维度，形成发展新动能，推动新兴技术在各行各业的应用，为社会经济增长提供内生动力。

数据是企业和社会的重要战略资源，可以带来科学理论的突破和技术的进步，提高劳动生产率。作为引擎，数据驱动型创新正在向科技研发、经济社会等各个领域扩展，成为国家创新发展的关键形式和重要方向。

（三）数据可以促进传统产业的转型升级与效率提升

第一产业构成了农业社会的主要经济形态，第二产业构成了工业社会的主要经济形态，第三产业构成了现代社会的主要经济形态。

随着经济的发展和进步，大规模物质生产的经济增加值所占比重越来越小，传统生产要素对经济增长的拉动作用逐渐减弱。从理论和实践看，所有产业都会从数据的发展中受益，传统产业数字化转型产生的价值远远大于成本。数据不仅为数字经济服务，还可以为传统产业服务，助力传统产业的转型与效率提升。

数据通过融入生产经营各环节，优化企业决策和运营流程，提升劳动、资本等传统要素的投入产出效率和资源配置效率，实现对传统要素价值的放大和倍增。以数据赋能为主线，对产业链上下游的全要素进行数字化升级、转型和再造，提高传统行业的运营效率以及与市场动态接轨的能力，带动传统产业的升级和生产组织模式的转变，推动传统行业的改造和革新。

数字经济一定是市场经济，它不但不会替代工业经济和农业经济，而且可以反哺工业经济和农业经济，提升商品品质和产出效率。

第二节　数据要素发展面临的挑战与法律问题

一、数据要素的独特属性带来的市场化挑战

（一）数据要素的独特属性——映射社会关系

相较于传统的生产要素，数据要素有自己的独特属性——数据既是生产要素，又映射了社会关系。这使数据利用会产生相关的外部性问题。经济基础包括生产力和生产关系两部分，其实整个社会都是如此，由具体的物质与物质之间的社会关系所构成。比如，当人们在使用微信时，好友通信录或者微信内容，既是数据的形式，又是一个个人关系、社会关系的载体。同样，在移动互联网领域之外也是如此，如新兴的物联网、产业互联网领域等。这些领域内存在不同的企业主体，他们之间有着合

作关系、竞争关系或者商业生态上的上下游关系，而这些关系在产业互联网领域可以通过数据来表现。所以，在对数据要素进行开发、利用的过程中，一方面，要关注数据的经济属性，另一方面，还应解决因为数据映射社会关系这一属性而带来的根源性问题——信任问题。

（二）数据生产要素市场化的关键——满足对不同关系主体的信任与发展要求

1. 个人数据与权利保护

从个体视角出发，在对涉及个人社会关系的数据要素进行发掘利用的过程中，最重要的便是满足其对个人权利保护的诉求。这一诉求既包括传统的隐私保护，又包括进入人工智能和大数据时代后，在自动化决策时要解决的公平性、透明性和非歧视性问题。

2. 产业促进与发展

企业既是利用与处理数据要素的重要主体，也是数据生产要素市场化的推动力量与实践力量。开放宽松的政策环境，包容审慎的监管理念，给基于数据的技术与商业发展留出更大空间。与此同时，围绕数据竞争的规则需求也越来越迫切。近些年来，围绕数据的反不正当竞争案件逐渐增多，围绕数据竞争的争议日益突出，这反映出健康有序的行业发展呼唤理性的数据竞争规则。

产业发展在数据要素市场化方面的另一个诉求是，进一步呼吁推动政府数据开放。《中共中央 国务院关于构建更加完善的要素市场化配置体制机制的意见》（以下简称《意见》）体现出中央对这一问题的支持态度。相较于其他社会数据资源，政务数据的属性比较明确，是政府在履行公共职责过程中处理的数据，具有明确的公共属性，这在近年来国内外的政府数据开放实践中得到了验证。因此，这类数据应该进一步向各界开放，并以一种数字化、格式化、机器可读的开放形式来具体开展。

与政务数据相比，社会数据资源的性质还需要依据不同的类型来讨论，因此，《意见》有意将政务领域的数据与一般社会数据进行了区分。政务数据开放的核心点，即进一步推动数据开放、共享，发掘数据潜在价值；而对于社会数据资源，仍需认可和鼓励市场在社会数据资源配置中发挥决定性作用。市场要担任社会数据资源配置的主要角色，必须依

托健康、良好的数据市场竞争秩序的建立与数据财产权益的有效保障。

3. 国家数据经济竞争与数据安全

在更为宏观的国家层面，我们越来越意识到数据的整体发展水平与国家的发展能力以及未来的数字竞争力息息相关。根据国际数据公司（IDC）的测算，到2025年，我国将成为世界上数据拥有量最大的国家，占全球的27.8%。因此，抓住数据时代的变革机遇，能否实现对数据资源的有效开发与利用，直接决定我国在新一轮国际竞争中的地位，以及通过数字产业发展保障国家数据安全并推动社会整体进步的能力。

（三）数据生产要素市场化的手段——协调好三对关系

1. 平衡好个人信息保护与产业发展的关系

在个人数据权利保护层面，要实现个人权利保护诉求与产业发展诉求之间的科学平衡。一方面，要为个人基本权利提供良好的基础保障与法律保护。近年来，我国不断推进相关方面的法律建设，如全国人大发布的《中华人民共和国个人信息保护法》。在《中华人民共和国个人信息保护法》制定的过程中，也面临平衡个体权利保护与企业创新发展之间关系这一难题。

在这一问题上，欧盟的《通用数据保护条例》（GDPR）经常被当作范本与榜样。确实，GDPR回应了数字时代个人权利新的变化和需求，但这种比较刚性或者说过于严格的制度也制约了欧盟数据产业的创新与发展。事实上，自2018年GDPR正式生效后，欧盟内部的政策制定者们也在反思这一问题。德国前总理默克尔就曾表示，如果一直延续GDPR的严格限制思路，可能会错失在下一轮数据经济全球化竞争中的优势和领导地位。欧盟于2020年3月发布的《人工智能白皮书》也体现了这一观点。在白皮书的制定阶段，欧盟原本计划在未来三年到五年内全面禁止人脸识别在欧盟的应用，但最终却取消了这一限制性规定。这说明欧盟也在不断反思如何把握和平衡好个体权益保护和整体产业创新的关系。当进入大数据时代，尤其是人工智能阶段后，不但技术本身的创新依靠对数据的挖掘和利用，而且各类算法的进一步优化在很大程度上依赖数据的汇聚。如果过分限制企业的创新空间或者过分强调个体的权利保护，可能会在整体上产生部分负面作用。

2.平衡好政务资源开放和数据经济发展之间的关系

《意见》对政务数据资源和社会数据资源进行了区分，并设计了不同的发展方向。对于政务数据资源，通过开放制度促进数据供给；对于社会数据资源，通过培育数字经济新业态方式支持发展壮大。

一方面，要加大数据供给的制度保证，积极推动政务数据开放。政务数据资源的性质与社会数据资源不同，因此，相关政策与做法也不尽相同。《意见》指出："推进政府数据开放共享。优化经济治理基础数据库，加快推动各地区各部门间数据共享交换，制定出台新一批数据共享责任清单。研究建立促进企业登记、交通运输、气象等公共数据开放和数据资源有效流动的制度规范。"

此外，对技术服务水平要求较高的领域，政府部门通过购买政务服务、依法依约引入市场力量开展数据资源利用，加速提升数字化水平，为政务民生服务提供了有力支撑，这些有益经验应进一步通过制度予以推广。

另一方面，要提升社会数据资源价值，培育新型数字业态。与政务数据资源不同，社会数据资源没有明显的公共性质，因此，社会资源数据的利用仍应以市场为主导，要充分发挥市场激励机制，促使数字经济发展壮大。数据与传统的有形资产不同的是，很难用所有权或者物权的思路去界定企业或平台是否拥有某一数据。一个数据载体上可能会叠加和层叠来自不同主体的权利诉求，比如，企业汇集的数据很大程度上是属于消费者的数据。事实上，在数据要素的利用过程当中，数据确权并不是一个必要的前提条件。我们过去谈到数据交易问题时总会认为数据交易的前提是要解决确权问题，但近几年的产业实践证明，传统的依靠数据交易方式挖掘数据价值的空间并不大。不论是最早的某大数据平台还是由各地政府主导推动建立的数据交易平台，交易量都非常有限。

一般企业生产和经营的出发点都不是交易数据，其原始出发点都是利用数据进一步提升服务水平或改进自己的产品。所以，问题的核心在于如何实现更全面的数据共享和数据价值的协同开发利用。

在人工智能、算法以及区块链技术的发展方面，社会数据资源的共享和利用还可以采用另外一套思路。一方面，各方共同投资，构建一个能够不断汇集社会数据资源具有竞争力的平台，并给予平台一定的权利保护。这种权利保护并不是对其所有权的保护，而是基于过去长期投资

所形成的一种正当化权益的保护。另一方面，市场上的各方主体都可以通过市场契约的方式实现对数据价值的挖掘。其对数据挖掘的前提是共同遵守用户隐私保护和其他基本权利，遵守数据安全的基本要求，遵守国家安全的基本要求。这是破解现有社会数据资源利用不充分的一种可行思路，不以确权为前提，而是通过给予数据平台法律保护预期的方式实现各方数据的汇集与使用。

3. 平衡好数据权属与竞争的关系

实践中存在大量围绕数据权属而产生的竞争案件，在根源上，这是由于数据不仅是生产要素，还附着社会关系，各方主体对数据的权益都有所投射，在数据处理周期中，难以将权属归于单一的主体这一特性所决定的。过去几年，在数据竞争案件中体现出的司法解决方案值得我们借鉴。如在某案中，法官创造性地提出两个基本原则，一是平台基于长期的投资、投入所形成的权利应该得到法律的正当保护。各平台围绕用户数据进行进一步开发利用时应考虑创建一个有效的协调机制，以实现各方权利。二是三重授权原则。不同平台共同开发用户数据时应该各自得到用户的完整授权，跨平台数据利用应当基于市场进行自治。

当然，“数据权属”虽没有明确定论，但其并不会对数据开放、利用造成阻碍。实践中，在社会数据资源利用领域，逐渐形成了一个以市场机制为主导，在满足权益保护要求的同时，允许市场主体发挥各自的创新能力，共同实现数据价值提炼的协作机制。合作与竞争并存代替纯粹的竞争是发掘数据价值、实现数据市场良性竞争的必由之路。

二、数据要素市场的法律之基

1995 年，美国学者尼葛洛庞帝在《数字化生存》中饶有趣味地举了一个真实的例子。当尼葛洛庞帝参观一家美国集成电路制造商并在前台办理登记的时候，接待员向他询问他的笔记本电脑的价值，他回答说：“大约值 100 万到 200 万美元吧！”接待员难以置信，然后对他的旧电脑估值 2000 美元。尼葛洛庞帝对此感叹道：“问题的关键是，原子不会值那么多钱，而比特却几乎是无价之宝。”20 多年后，比特数据的价值已经广为人知。2020 年 4 月，中国正式发布《中共中央 国务院关于构建更加完善的要素市场化配置体制机制的意见》，将数据与土地、资本、劳动力并列为关键生产要素，并提出加快培育数据要素市场的愿景。数据要素市场的蓝图已经绘制，但困难在于如何落实。

（一）法律与数据要素市场

市场是上帝赐予人类的礼物，是脱离人为因素的“自然机制”，它无须借助任何人为的设计、控制、约束而自然生成，自发运作。诚然，作为自愿交易的场所，市场已有3000多年的历史，中国更是人类市场的最早发源地之一。《周易·系辞下》载神农氏“日中为市，致天下之民，聚天下之货，交易而退，各得其所”，便是明证。然而，市场绝不仅是交易，而是有组织的、有竞争的交易。正如波兰尼在《大转型》一书中指出的，每个市场都依赖于自己的固有规则、文化规范和制度构造，是各种社会力量共同参与塑造的“人为机制”。以此观之，数据要素市场绝非自动自发所能形成的，恰恰相反，正是由于面临着人们无法自愿合作的挑战，这一市场的建立才显得问题重重。

在种种人为机制中，法律居于中心地位。较诸非正式机制，法律是一种国家运用强制力提供的保护性服务。由于规模经济的存在，因此，通过法律保护权利的社会总收入高于社会个体保护权利的总收入，这意味着法律的保障更有效。不仅如此，法律还拓展了交易的范围，提高了交易的数量。在缺乏法律的支持时，交易只能依赖自我实施型的契约；而当法律介入后，第三方执行的机制提高了当事人的违约成本，从而促进了交易的达成与履行。

国家法律对于市场建构的作用体现在四个方面，因而呈现出四种面貌。首先是“形成市场框架之法律”，即国家通过明确和保护财产权、执行合同、确立市场主体资格等方式，为市场搭建最基本的底层架构，当事人由此展开交换、竞争、合作与博弈。其次是“强化市场理性之法律”，即国家旨在化解信息不对称等市场失灵问题，以提升市场机能、完善经济秩序，进而实现个人自主。再次为“纠正市场偏差之法律”，即国家通过对具体市场结果的调整，达至双方当事人之间的利益平衡状态。如果说“强化市场理性之国家”侧重于程序控制，那么，这里的“国家”则倾向于实质衡量。从公平交易原则到诚实信用原则，从“显失公平”的撤销权到合同的“情势变更”，无不体现出背后的国家考量。最后为

"保护市场弱者之法律"，即国家针对地位形式对等但实际差距悬殊的当事人，基于对特定群体的政策偏向而向另一方课加义务。在社会多元化和阶级分化的时代，强弱对立不是当事人在微观场景下的个别事件，而是群体之间的常态。较诸"纠正市场偏差之国家"，国家在此遵循着罗尔斯的"分配正义"而非司法的"矫正正义"。市场的"弱者"不仅包括消费者、劳动者等个体，还涵盖市场垄断格局下的中小企业。

国家法律对数据要素市场的功能同样如此。就"形成市场框架之法律家"而言，法律旨在明确数据财产权；就"强化市场理性之法律"而言，法律旨在消除数据交易的信息不对称；就"纠正市场偏差之法律"而言，法律旨在保护数字市场个体或企业不被强者不公正对待。

（二）法律形成数据市场框架

数据并不是人类进入信息时代以来生产要素分配的首个难题。20世纪初，围绕着无线电波段的争讼不绝。随着无线电公司无证运营公诉的失败，所有电台都可以在任何时间和任何波段运营而不受惩罚，于是"业余爱好者的信号与职业广播信号混杂；许多职业电台用同一波长广播，他们或者用君子协定来分割广播时间，或者在别人广播时贸然以自己的广播切断别人的声音，听众则只能无可奈何地在另一个电台的喧闹的背景声中收听节目；用莫尔斯电码的船对岸通信也将其嘀嗒声加入了这愚蠢的声音交响乐中"。

面对这一混乱状态，由国家来分配无线电波段成为美国政府的责任。美国强调，波段是"一种国家资源"，足以与更古老的、更实体化的公共财产相提并论。据此，1927年的《1927年无线电法案》和1934年的《1934年通讯法案》均明确：联邦无线电委员会应当"根据公众的便利、利益或需求"分配广播许可证。可是，由于法律没有提供更多的指引，委员会倾向于把功率最大的电台授权给实力最强劲的申请者，如通用电气、西屋电气和RCA等公司；相反，芝加哥劳动联合会等公益组织最终获批的仅仅是一个在白天而非夜晚广播的微弱信号。1959年，科斯在《联邦通讯委员会》一文中发问：由政府通过行政方式来分配无线电波段是否有效率？他的回答是：如果能清楚地界定产权，那么，通过市场交易来确定波段的使用人就是可行的。

回到信息时代的数据，“清楚界定的产权是市场前提”的判断依然成立。尽管我国《民法典》第一百二十七条规定：“法律对数据、网络虚拟财产的保护有规定的，依照其规定。”但由于其并未对数据是权利还是法益，是物权性权利还是一种特别权利等问题加以规定，因此，数据权利依然悬而未决。相关症结在于立法者仍囿于有体物的物权想象，将数据理解为类似于土地的财产。事实上，数据如水流，数据权利是一种流动性的权利，所有权远没有使用权重要。如科斯在《联邦通讯委员会》中指出的无线波段的财产权利，与其说是电波的所有，不如说是“可以特定方式使用设备传出讯号”。因此，数据产权制度的关键不在于确定由谁所有，而在于如何将数据潜在的各种利用机会在不同的使用人之间进行分配，以使得各使用人之间能够并行不悖地利用该数据。因此，在数据要素市场制度的建构中，一方面要确定数据的权利归属，另一方面要辨明数据行为的边界。

就数据权属而言，应当将“捕获规则”引入其中。这意味着数据从业者对于其合法收集的数据集合或各种数据产品（如数据库、数据报告或数据平台等），享有使用、收益和处分的财产权益。这一论断具有如下理由：

首先，信息是一种流动性资源，如同石油、天然气、水流或奔跑着的野生动物一样，信息的原始形态是不可见的或流动着的。由于它们具有从一个地方移动到另一个地方的能力，因而让一个人对其所能捕获的事物享有所有权便是成本最低的规则。

在某种意义上，可以将数据的形成想象为运用电子技术将信息固定化的过程，更形象地说，数据是数据从业者捕获信息所得的战利品。因而，数据收集者更像是发现者，而不是发明者。数据财产权由此和知识产权区别开来。

其次，数据是数据从业者劳动的结果。数据并非自在天然之物，其聚合、存储和价值实现有赖于大量的人工干预和资本投入。更重要的是，基于数据的多栖性，数据财产权的设定并未损害其信息的源头。从而符合“洛克但书”——财产权的授予并不导致其他人境况的恶化、

最后，捕获规则给予了正向且有效的激励。对于人力和资本双密集的数据产业而言，捕获所有权一方面通过遏制他人的搭便车行为，鼓励

对数据收集、清洗、存储和安全保障的长期投资；另一方面，该规则增加了法律的确定性。有助于数据交易和数据的商业化再利用。不仅如此，捕获所有权将数据从业者的实际控制转化为法律控制，这反而提升了数据的开放程度和可得性，从而可以促进数据的自由流通。可资佐证的是，欧盟《关于数据库法律保护的指令》，在赋予那些不受著作权法保护但又有实质性投资的数据库以特殊权利的同时，特别允许他人自由运用权利人公开数据库中属于单纯事实部分的数据。

就数据行为的边界而言，可以将数据行为细分为如下权利：①占有权；②对数据直接控制的排他权：对数据排除他人使用或从中获利的权利；③使用权：对数据的使用权；④管理权：决定如何或由何人使用该数据的权利；⑤收益权：享有因个人对数据的使用或允许他人使用而产生的收益；⑥资本权：出售许可数据获得收益的权利；⑦保障权：免予被侵夺的权利；⑧共享权：将数据与他人共享的权利；⑨无期限限制：指对数据的权利不应有时间上的限制；⑩禁止有害使用：有权制止以有害他人方式使用数据的权利；⑪跨境传输的权利：数据自由跨境流通的权利；⑫拒绝政府索取的权利：不向政府报送数据的权利；⑬损害赔偿权：对数据的侵夺和侵害，有权获得金钱赔偿的权利；⑭剩余性权利：在某项权利消灭之后回复所有权。鉴于数据因关涉主体和承载利益的不同而不同，针对不同的数据类型，可以根据上述权利清单做出个性化的规定。

（三）法律强化数据市场理性

如果说“科斯问题”是对数据要素市场前提的质问，那么，“阿罗问题”就是对其能否发展的探寻。1963 年，最年轻的诺贝尔经济学奖得主肯尼斯·阿罗在《不确定性与医疗保健经济学》一文中提出信息经济的阿罗悖论：信息与一般商品迥然有异，它有着难以捉摸的性质，买方在购买前因为不了解该信息无法确定信息的价值，而买方一旦了解了该信息，就可以复制，从而不会购买，故而信息是无法完全市场化的。美国法经济学家罗伯特·库特在《所罗门之结：法律能为战胜贫困做什么》一书中用一封写给波士顿投资银行的信演绎了这个原理。信是这样写的：“我知道如何让你们银行赚一千万美元。如果你肯给我一百万美元，我就告诉你。”银行不愿意在确认信息的价值之前就购买信息，写信人则害怕将信息透露给了银行，银行却不付钱。这一问题在数据要素市场中同样存在，买方难以判断数据的质量和价值，卖方则对数据安全充满疑虑。更重要的是，数据是典型的时效品，老数据不如新数据值钱，而且随着时间推移，前者越来越没有价值。大数据与其说是“大”的数据，不如说是实时在线的“活”的数据。只有可信的数据信任源不断运行，才能避免数据的静态化和僵尸化，才能实现数据的价值。因此，与一次性买卖不同，数据交易更加依赖于双方的长期合作。如何克服信息悖论导致的“双边信任困境”，成为关系数据要素市场的根本问题。在20年前，几乎没有人看好中国的电商市场，在网络虚拟空间中，买卖双方互不相识且天各一方，信任是个无解的难题。买方担心商品假冒伪劣、维权困难，卖方则担心无法收到货款。面对这种信任鸿沟，淘宝创造性地运用了支付宝担保、大数据风控以及在线反馈和系统评分，来执行合同、预防欺诈和解决纠纷。2019年，中国电商市场的销售额已达1.99万亿美元，占全球在线零售总额的55.8%。淘宝不仅直接改变了线上市场，还间接提升了线下市场的服务水准。如今，我们很难想象会有一个没有无理由退换货规则的商场，而这在10多年前还是消费者的梦想。

电商市场的经验启发我们：在数据要素市场发展的过程中，数据交易平台不能仅是简单的场所提供者，而且应当把自身定位于市场秩序的维护者，积极介入交易流程，将一对一的数据交易转变为以平台为基础的网状交易，从而冲击数据市场的双边信任困境。为此，数据交易平台需要从规则制定和技术支持两方面入手：前者要求提供合同模本、确定数据质量、披露数据内容，从而降低各方的交易成本；后者要求提供大数据管理平台安全计算系统、数据加密算法等技术服务，从而确保数据安全与可追溯。一旦信任鸿沟弥合，交易就会源源不断地发生。

第三节　数据要素与数字经济的未来发展

一、数据要素拓展生产与效用空间

数据生产的高成本和使用的低成本具有对外排他性和非竞争性使用

的双重属性，表现出俱乐部产品的特点。从始至今，数据生产体系经历了重大变革。原有的数据生产是由专业知识团体开展的专业活动，从记账符号开始，形成了记账层级体系。互联网革命改变了原有的生产体系，数据的规模使用促进了数据的大力发展。人人都可以参与数据生产和数据使用，每个人或企业都自动成为网络中的数据标识，互动数据的生产关系打破了分层化的生产体系，数据的大规模生产和使用促进了数据的指数化发展，数据成为新的生产要素。物理世界引进了信息，“麦克斯韦之妖”的思想实验推动了“智能”识别的产生，导致“熵减”，维护了秩序。同样，数据要素介入经济生活，它的意义已经超过了单一的生产要素投入，而把新的“智能”带入了物质世界和人的意识活动。

数据要素不是简单地拓展物质生产空间，作为信息，它还智能化地拓展生产体系和消费者的效用空间，即拓展非物质空间。随着人们收入的不断提高，物质消费占比不断下降，服务业消费占比逐渐提高，这是基本的需求规律。新的效用评价一是在时间价值维度纳入新的衡量角度，二是将新的思维空间纳入效应衡量。服务业具有规模递减特征，从产业升级的角度看，产业升级从农业到制造业，再到服务业以及服务业的再升级，从体验—互动经济，进一步到达知识—智慧经济等。人类的产业升级将逐步脱离对物质世界的依附，不断升级到人的精神发展层面。数据要素的加入正是基于此，促进新旧产业改造和再升级。一方面，数据化改变传统制造业，奠定物联网基础；另一方面，服务业基于数据化进行全球贸易改造，更重要的是通过互联网的互动过程不断形成新的知识与智慧，推动产业向体验—互动经济升级，进一步迈向知识—智慧经济。

数据作为新的活跃要素，不断促进消费者脑空间的拓展。新的生产体系和效用体系不仅包括“边际效用递减”的一般物品和服务规律，还开启了新效用空间，扩宽人类“边际效用递增”的新思维需求空间和与之配套的生产空间，迈向产业升级。

人们现有的需求只存在于实坐标中，还有三个“象限”没有开拓，更不用提“象限”组合了。现在，增强现实技术（AR）等大量体验——活动的技术开发的目的就在于拓展人们的思维模式，而 AI 的智能化发展也在拓展物质智能，即自动应答。

基于数据的战略思维是：不但要依据数据扩张物质世界，而且要依托数据扩张非物质世界。物质世界具有三个思维维度：一是重力思维，世界具有物质性；二是三维空间思维，空间确定；三是单向时间思维，有一个固定走向。未来基于数据开拓的三个非物质的虚拟维度：第一是无重力的非物质状态，即比特世界，具象可呈现，但非物质；第二是非三维空间，增加了意识维度等多维空间，如梦的多层次通过任意维度进行三维投影嵌套；第三是时间的非单向性和自动应答性。新的虚拟三维与物质世界的老三维相比，拓展了至少三倍的市场与生产空间组合。这是数据要素对传统生产与效用空间的颠覆与拓展。

在现实产业改造中，中国最具潜力的发展方向是基于数据的服务业改造，从不可贸易部门转变为不需要任何物流的完全可贸易部门，如金融、知识产权、教育、远程医疗、视频会议等。因此，数字化将实现服务业的可贸易，有助于我国服务业的规模化发展，提升中国服务业的全球竞争力水平，而基于数据转型的服务业也将进一步推动中国经济增长。

未来的技术进步一定要沿着新的生产性质而改变。新的生产性质从为物质变到为人的全面发展服务：①节约人的劳动时间，如 AI；②提升人的单位时间消费质量，如脑科学、教育、AR、体育、表演等；③延长人的寿命，如医疗、制药；④可持续性发展与社会责任承担，如绿色发展成为生产和生活方式的标准；⑤重新定义人的关系网络，如移动互联网、区块链等交互式链接关系。

数据要素是中国未来全球化竞争能力的根本，而不是简单的物质能力。数据作为生产要素和效用要素的新拓展，需要制度层面的相应改革，如知识产权、隐私计算、数据资产认证、公共治理、人的关系按互联网或区块链定位等领域的相关改革。缺少相应的制度体系，没有人的广泛参与或治理，数据很难作为新型生产要素拓展生产和效用空间，数据要素也会因体制问题束缚于物质，不能充分发挥其竞争力。

二、建立合规有效的数据要素市场

2020 年 4 月 9 日，中共中央、国务院发布《关于构建更加完善的要素市场化配置体制机制的意见》，首次将数据与土地、劳动力、资本、技术等传统要素并列为要素，提出要加快培育数据要素市场，包括推进政

府数据开放共享、提升社会数据资源价值与加强数据资源整合和安全保护等三方面工作。

数据作为要素是一个新命题，有大量前沿问题需要研究。文献中，相关问题归属于数据经济（Data Economy）范畴。数据经济指数据收集、组织、使用、分享、流转和管理等活动组成的经济生态。

剑桥大学研究报告《数据的价值》对数据经济的理论、实践和政策问题进行了全面阐述；李小加提出组建数据要素产业化联盟，梳理数据经济中八方面的重要问题；于施洋等分析了我国深化数据要素市场化配置面临的挑战，提出搭建公共平台、完善市场条件、研究配套政策、推动协同联动、优化市场结构等方面的政策建议。从国内外研究来看，数据经济是一个方兴未艾的领域，学术研究略显落后于行业和监管实践，有不少新概念、新问题和新机制值得梳理。

（一）数据要素的技术和经济学特征

1. 数据的技术特征

什么是数据？与通常认为的不同，这是一个信息科学中基本但复杂的问题，没有显而易见的答案。对数据的理解离不开对信息和知识等相关概念的辨析，Ackoff 提出了 DIKW 模型，D 指数据（Data），I 指信息（Information），K 指知识（Knowledge），W 指智慧（Wisdom）。DIKW 模型在信息管理、信息系统和知识管理等领域被广泛使用，不同研究者从不同角度给出不同解释，Rowley 对此展开过相关阐释。

第一，智慧、知识、信息和数据之间依次存在从窄口径到宽口径的从属关系。从数据中可以提取信息，从信息中可以总结知识，从知识中可以提升智慧。这些提取、总结和提升都不是简单的机械过程，而需要依靠不同方法论和额外输入（如应用场和相关学科的背景知识）。因此，尽管信息、知识和智慧属于数据范畴，却是“更高阶”的数据。

第二，数据是观察的产物。观察对象包括物体、个人、机构、事件以及它们所处的环境等。观察是基于一系列视角、方法和工具进行的，并伴随着相应的符号表达系统，如度量衡单位等。数据就是用这些符号表达系统记录的观察对象特征和行为的产物。数据可以采取文字、数字、图表、声音和视频等形式。在存在形态上，数据有数字化的，也有非数字化的（如记录在纸上）。但随着信息和通信技术（ICT）的发展，越来越多的数据被数字化，在底层表示为二进制。

第三，数据经过认知过程处理后得到信息，给出关于谁（Who）、什么（What）、何处（Where）和何时（When）等问题的答案。信息是有组织和结构化的数据，与特定目标和情景有关，因此，具有特定的价值和意义。比如，根据信息论，信息能削减用熵度量的不确定性。

第四，与数据和信息相比，知识和智慧更难被准确定义。知识是对数据和信息的应用，给出关于如何做（How）的答案。智慧则有鲜明的价值判断意味，在很多场合与对未来的预测和价值取向有关。

一般而言，数据的技术特征主要包括以下维度。

①数据涉及的样本分布、时间范围和变量类型等。

②数据容量，如样本数、变量数、时间序列长度和占用的存储空间等。

③数据质量，如样本是否有代表性，数据是否符合事先定义的规范和标准，观察的颗粒度、精度和误差，以及数据完整性（如是否有数据缺失情况）等。

④数据的时效性。鉴于观察对象的特征和行为可以随时间变化，数据是否还能反映观察对象的情况？

⑤数据来源。有些数据来自第一手资料，有些数据由第一手观察者提供，还有些数据从其他数据推导而来；数据既可以来自受控实验和抽样调查，也可以来自互联网、社交网络、物联网等；数据可以由人产生，也可以由机器产生；数据既可以来自线上，也可以来自线下。

⑥数据类型，包括数字化的和非数字化的，结构化的和非结构化的，以及存在形式（文字、数字、图表、声音和视频等）。

⑦不同数据集之间的互操作性和可连接性，如样本ID是否统一，变量定义是否一致，以及数据单位是否一致等。

⑧是否为个人数据。个人数据在隐私保护上有很多特殊性，需要进行专门讨论。

2.数据的经济学特征

与数据的技术特征相比，数据的经济学特征要复杂得多。数据可以产生价值，因此，具有资产属性。数据的资产属性兼有商品和服务的特征。一方面，数据可存储、转移，类似商品。数据可积累，在物理上不

会消减或腐化；另一方面，很多数据是无形的，类似服务。

非竞争性，指当一个人消费某种产品时，不会减少或限制其他人对该产品的消费。比如，阳光和空气。换言之，该产品每增加一个消费者，所带来的边际成本约等于0。大部分数据可以被重复使用，并不会因此降低数据质量或容量，并且可以在同一时间被不同人使用，因此，数据具有非竞争性。

非排他性，指当某人在付费消费某种产品时，不能排除其他没有付费的人消费这一产品，或者排除的成本很高。很多数据是非排他性的，比如，天气预报数据。但通过技术和制度设计，有些类型的数据具有了排他性。比如，一些媒体信息终端采取付费形式，只有付费会员才可以阅读。

由此可见，很多数据属于公共产品，可以由任何人为任何目的而自由使用、改造和分享。比如，政府发布的经济统计数据和天气预报数据。一些数据是俱乐部产品，比如，前面提到的收费媒体信息终端。大部分数据是非竞争性的，因此，属于私人产品和公共资源的数据较少。公共资源和俱乐部产品也被合并称为准公共产品。数据一般作为公共产品或准公共产品而存在。

数据的所有权不管在法律上还是在实践中，都是一个复杂的问题，特别是在涉及个人数据时。数据容易在未经合理授权的情况下被收集、存储、复制、传播、汇集和加工，并且伴随着数据的汇集和加工，会产生新数据。这使得数据的所有权很难界定清楚，也很难被有效保护。在互联网经济中，互联网平台记录了用户的点击、浏览和购物历史等非常有价值的数据。尽管这些数据描述了用户的特征和行为，但不会如同用户个人身份信息那样由用户对外提供，因此，很难说由用户所有。这些由互联网平台记录和存储的数据与用户的隐私和利益息息相关，又很难任由互联网平台在用户不知情的情况下使用和处置，所以互联网平台也不拥有完整产权。因此，在隐私保护中，需要精确地界定用户作为数据主体以及互联网平台作为数据控制者的权利，密码学技术可以在权利界定中发挥重要作用。

很多文章把数据比喻成新经济的“石油”，这个比喻实际上不准确。“石油”是典型的私人产品，具有竞争性和排他性，产权可以清楚界定，并形成了现货市场和期货市场等复杂的交易模式。但作为公共产品或准公共产品，很多数据难以清晰界定所有权，进而难以有效参与市场交易。因此，把数据比喻成阳光更为合适。

（二）数据价值的内涵和计量

1.数据价值的内涵

根据 DIKW 模型，从数据中提炼信息、总结知识和提升智慧，这隐含着数据价值链的概念。原始数据经过处理并与其他数据整合后，再经分析形成可行动的信息，最终由行动产生价值。

数据价值可以从微观和宏观两个层面理解。在微观层面，信息、知识和智慧既可以满足使用者的好奇心（作为最终产品），又可以提高使用者的认知，帮助他们更好地进行决策（作为中间产品），最终结果都是提高他们的效用。数据对使用者效用的提高，就反映了数据价值。在宏观层面，信息、知识和智慧有助于提高全要素生产率，发挥乘数效应，这也是数据价值的体现。

微观层面的数据价值，有以下关键特征。

（1）同样的数据对不同人的价值大相径庭。

第一，不同人的分析方法不一样，从同样的数据中提炼的信息、知识和智慧可以相差很大。在科学史上，很多科学家深入研究了一些大众习以为常的现象并取得了重大发现。比如，牛顿对重物落地的研究，富兰克林对闪电的研究，拉曼对海水颜色的研究，与经济学家对同样的经济数据经常进行不一样的解读。

第二，不同人所处的场景和面临的问题不一样，同样的数据对他们起的作用也不一样。同样的数据，对一些人而言可能没有任何价值，对另一些人而言则可能是宝藏。比如，考古发现对历史研究者的价值很大，但对金融投资者则很可能没有什么价值。

另类数据（Alternative Data）包括个人产生数据、商业过程数据和传感器数据等。这些数据能帮助投资者进行投资决策，但对非金融投资者则没有太大价值。不同的人可以在不同时间维度上使用数据，如有评估过去的，有分析当前的，有预测未来的，还有做回溯测试的。使用目的不同，对数据的要求不一样，同样的数据就意味着不同的价值。

第三，不同制度和政策框架对数据使用的限定不一，也会影响数据

价值。换言之，数据价值内生于制度和政策。比如，不同国家对个人数据的保护程度不同，个人数据被收集和使用的情况以及产生的价值在国家之间存在很大差异。我国排名靠前的互联网平台基于用户行为数据推出了在线信贷产品，这在其他国家则不常见。

（2）数据价值随时间变化。

第一，数据具有时效性。很多数据在经过一段时间后，因为不能有效地反映观察对象的当前情况，价值会下降。这种现象称为数据折旧。数据折旧在金融市场中表现得非常明显。比如，一个新消息在刚发布时可以对证券价格产生很大影响，但等到证券价格反映这个消息后，它对金融投资的价值就急剧降到0。在DIKW模型中，将数据提炼为信息、知识和智慧，并且提炼层次越高，就越能抵抗数据折旧。

第二，数据有期权价值。新机会和新技术会让已有数据产生新价值。在很多场合中，收集数据不仅是为了当下的需求，还为了提升未来的福利。

（3）数据会产生外部性。

第一，数据对个人的价值称为私人价值，数据对社会的价值称为公共价值。数据如果具有非排他性或非竞争性，就会产生外部性，并造成私人价值与公共价值之间的差异。这种外部性可正可负，没有定论。

第二，数据与数据结合的价值，可以不等于它们各自价值之和，是另一种外部性。但数据聚合是否增加价值，并没有定论。一方面，可能存在规模报酬递增情形，如更多数据更好地揭示了隐含的规律和趋势；另一方面，可能存在规模报酬递减情形，如更多数据引入更多噪声。总体来说，数据容量越大，数据价值不一定越高，数据内容在其中发挥了很重要的作用。

2. 数据价值的计量

（1）绝对估值。鉴于数据价值的三个关键特征，数据的绝对估值较为困难，现下还没有公认方法。目前行业实践中有几种主要方法，但都有缺陷。

第一，成本法，就是将收集、存储和分析数据的成本作为数据估值基准。这些成本有软件和硬件方面的，也有知识产权和人力资源方面的，还有因安全事件、敏感信息丢失或名誉损失而造成的或有成本。数据收集和分析一般具有高固定成本和低边际成本特征，从而具有规模效应。

成本法虽然便于实施，但是很难考虑同样的数据对不同人、在不同时间点以及与其他数据组合时的价值差异。

第二，收入法，就是评估数据的社会和经济影响，预测由此产生的未来现金流，再将未来现金流折现到当前。收入法在逻辑上类似公司估值中的折现现金流法，可以综合考虑到数据价值的三个关键特征，在理论上比较完善，但实施中则面临很多障碍。一是对数据的社会和经济影响建模难度很大，二是数据的期权价值如何评估。实物期权估值法是一个可选方法，但并不完美。

第三，市场法，就是以数据的市场价格为基准，评估不在市场上流通的数据的价值。市场法类似股票市场的市盈率和市净率估值方法。市场法的不足在于，很多数据是非排他性或非竞争性的，很难参与市场交易。目前，数据要素市场进行了一些尝试，但由于市场厚度和流动性不足，因此，价格发现功能不健全。

第四，问卷测试法。这个方法主要针对个人数据，通过问卷测试个人愿意出让或购买数据的价格期望，从而评估个人数据的价值。这个方法应用面非常窄，实施成本较高。

（2）相对估值。数据相对估值的目标是，给定一组数据以及一个共同的任务，评估每组数据对完成该任务的贡献。与绝对估值相比，相对估值要简单一些，特别是针对定量的数据分析任务。

数据相对估值可以使用Shapley值。该指标于1953年由Lloyd Shapley（2012年诺贝尔经济学奖得主）在研究合作博弈时引入。数据相对估值说明，同一数据在用于不同任务、使用不同分析方法或与不同数据组合时，体现出的价值是不同的。特别是偏离数据集合“主流”的数据，在相对估值上可能比靠近数据集合“主流”的数据高，这显示了“异常值”的价值。

第三章　数字货币理论基础及发展

第一节　数字货币理论基础

一、数字货币的起源、演变及商业价值

数字货币的出现并非偶然，而是科技发展的必然。数字货币是人类追求更加完善的社会经济交易方式和全球贸易的便利需要，是人类在综合运用科技、逐渐探讨交易需求时获得的发现。要说数字货币，我们就要先看比特币被创造的过程，从比特币被创造的历史说起。

（一）数字货币的起源

数字货币的起源可以追溯到20世纪90年代，电子黄金就是最早的形式之一。电子黄金于1999年问世，它以真实的贵金属存量为基础。另一个已知的数字货币服务是LR（Liberty Reserve），成立于2006年，是一家位于中美洲的在线支付公司。它可以让用户将美元或欧元转换成LR，仅需1%的交易费就可以自由交换。这种双向服务后来被一些人用来洗钱，因此，不可避免地被美国政府以洗钱的指控关闭了。使人们对数字货币重燃兴趣的是一种名为比特币（Bit Coin）的数字货币，其诞生于2009年。

比特币是一种通过点对点技术实现的电子现金系统，可以使在线支

付由一方发起并支付给另一方，中间不需要通过任何金融机构。和法定货币相比，比特币没有一个集中的发行方，而是由网络节点的计算生成，由计算机生成的一串串复杂代码组成。任何人都可以参与制造比特币，可以在任意一台接入互联网的电脑上买卖，不管身处何地，都可以挖掘、购买、出售或收取比特币，并进行匿名交易。

比特币是数字货币的起源，其历史作用是不可替代的，正是比特币，让数字货币走进了社会大众的视野。比特币是去中心化的非法定数字货币的一种。货币需要经历发行和流通两个环节，而比特币从来就没有真正大范围地流通过，最终只能成为一种可供收藏的"钱币"。

数字货币也称密码货币，由新技术、新模式与新价值构成，是使用密码算法的货币。

数字货币分为开放式采矿型密码数字货币（以比特币为代表）和发行式密码数字货币。数字货币被定义为一种有别于物理货币（如纸币和硬币）的，基于互联网的货币或交换媒介。数字货币可以实现交易的瞬时性以及无国界的所有权转让，它不同于虚拟世界中的虚拟货币，因为它可以被用于真实的商品和服务交易，而不局限在网络游戏中。虚拟货币（virtual currencies）和密码货币（crpto-currencies）都属于数字货币。

（二）数字货币的演变：区块链及其特征

数字货币与之前的货币形式相比，最大的创新之处在于数字货币有了全新的技术支撑，这一技术支撑就是区块链技术。

1.区块链的概念

区块链是指一个分布式可共享的、通过共识机制可信的、每个参与者都可以检查的公开账本，但是没有一个中心化的单一用户可以对它进行控制，它只能够按照严格的规则和公开的协议进行修订。其通过去中心化的、无须信任积累的信用建立范式，并集体维护一个可靠数据库，形成一种几乎不可能被更改的分布式共享总账。

2.区块链的特征

从数据的角度看，区块链能实现数据的分布式记录（系统参与者集体维护）和分布式存储（所有节点可以选择保存数据）；从效果的角度看，区块链可以生成一套按照时间先后顺序记录的、不可窜改的、可信任的

数据库，且这套数据库不是存储在某一个中心服务器上的。所以，区块链技术就是通过去中心化、去信任和加密算法来维护这套分布式数据库运转的技术。概括起来，区块链有以下五大特征。

（1）去中心化。由于使用分布式核算和存储，不存在中心化的硬件或管理机构，任意节点的权利和义务都是均等的，因此，系统中的数据块由整个系统中具有维护功能的节点来共同维护。

（2）开放性。系统是开放的，除了交易各方的私有信息被加密外，区块链的数据对所有人公开，任何人都可以通过公开的接口查询区块链数据和开发相关应用，因此，整个系统的信息高度透明。

（3）自治性。区块链采用基于协商一致的规范和协议（如一套公开透明的算法）使得整个系统中的所有节点能够在去信任的环境自由、安全地交换数据，使得对“人”的信任变成了对机器的信任，任何人为的干预都不起作用。

（4）信息不可窜改。一旦信息经过验证并添加至区块链，就会永久地存储起来，除非能够同时控制住系统中超过 51% 的节点，否则，单个节点上对数据库的修改是无效的，因此，区块链的数据稳定性和可靠性极高。

（5）匿名性。由于节点之间的交换遵循固定的算法，其数据交互是无须信任的（区块链中的程序规则会自行判断活动是否有效），因此，交易对手无须通过公开身份的方式让对方对自己产生信任，对信用的累积非常有帮助。

二、数字货币的优势与不足

数字货币发展到现在，已经具备了许多之前的货币形式所没有的优点，但同时我们应该注意到，现今存在的数字货币仍然有一些缺点。如果不将这些缺点加以改善的话，数字货币就无法大规模流通，也就无法真正地为公众与社会服务。

（一）货币的五大职能

要想对数字货币形成深刻的理解，其有效发挥作用，就要涉及货币的五大职能，从货币的五大职能中来分析数字货币在未来的有效作用。

未来数字货币的主要职能是支付职能，支付职能的发挥，会使整个社会交易活动变得更为简洁、安全、便利。

货币的五大职能如图 3–1 所示。

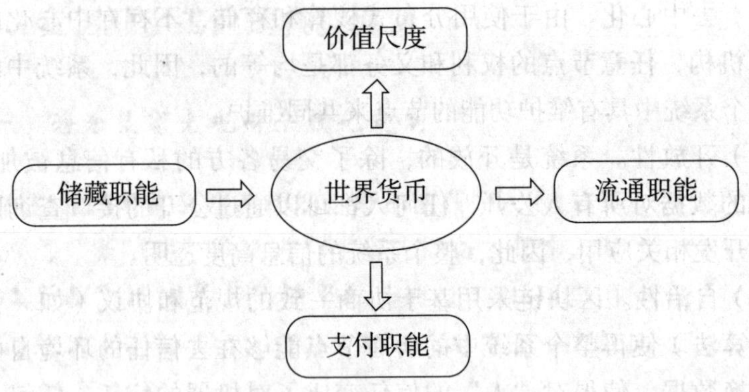

图 3–1　货币的五大职能

在这五大货币职能中，数字货币的优势与不足并存。数字货币的优势在于对流通职能和支付职能的有效发挥，其不足是币值不稳定等矛盾。由于存在这样的不足，因而，现行的各种商业圈的数字货币，难以成为一种有效的支付手段，大多数国家将其限制在商品交易的范围内，就其货币的本质讲，不具有货币的支付职能。

具有实物形态的“天然黄金”虽然具有世界货币的职能，但其在各国的金融管理体制中已不再发挥流通职能作用，而数字货币只是一种虚拟货币，不能与实物形态的黄金等值。从货币的本质上看，数字货币是一种信用的管理工具，与各国的法定纸币具有同等的信用管理作用。

（二）数字货币的优势

数字货币一旦成为一种现实的货币，最大的优势是降低交易成本，增强价值交易的可连续追踪价值，可提升微观经济管理水平，更可提升宏观经济的预警能力。

从现行的微观交易成本看，电子货币在网上银行的转账交易中，不但要对每一笔转账收取一定的手续费，而且转账指令下达后，转账金额并不能即时到达目标账户；ATM 机的取款或存款服务在跨行或者跨区时，也会收取手续费。因此，为了节约这笔手续费我们常常选择到银行柜台

进行存取款操作，但这又增加了我们的时间成本。

就连十分便捷的微信支付也在2016年3月1日宣布对提现功能开始收取手续费：按照提现金额的0.1%收取，每笔至少收取0.1元。每位用户（同身份证账户）有1000元免费提现额度。这说明在现行的依靠银行体系的货币流通过程中都会产生交易成本，而数字货币不依赖实体网点和人工服务的特性，可以让人们跨过银行体系实现极低乃至零交易成本。

具体来说，数字货币具有以下优势。

（1）公平性。数字货币是公平的货币。数字货币不是由某一国家发行的，它并没有特定的发行机构，而是依靠特定算法产生的，这就意味着无法通过操纵发行数量来操控数字货币，因此，数字货币是一种自由的、无国界的货币。目前各国发行的货币除了发挥货币最基本的流通功能外，无一例外地承担着国家调控宏观经济的职能，而这往往伴随着通货膨胀的发生。奥地利裔经济学家哈耶克在他的著作《货币的非国家化》中提出，阻止通货膨胀具有无可比拟的重要意义，不但因为漫长而严重的通货膨胀本身会带来危害和痛苦，而且因为即使是温和的通货膨胀，最终也会造成周期性的萧条与失业。

（2）安全性。数字货币的安全系数更高。纸币虽然便于人们日常生活交易，但是有被偷盗以及收到假币的风险；数字货币虽然可以避免这些风险，但是会遇到诸如银行卡被盗刷、信用卡诈骗等新的问题；数字货币则可以避免以上问题。

（3）私密性。数字货币的交易可以实现匿名交易。

（三）数字货币的不足

数字货币除了以上主要优势外，还有以下不足。

（1）不稳定性。数字货币的币值不稳定。

（2）交易平台脆弱。

然而，目前的交易平台行业存在严重的恶性竞争趋势，在有限的投资者资源争夺上，多采取零和博弈的竞争方式，免征手续费就是一个典型例证，其结果是所有交易平台的盈利空间被大大压缩，直接助长了市场内的投机操盘行为。更重要的是，在免征手续费的情况下，交易平台的自营动机大大强化，在缺乏监管约束的情况下，自营操盘内幕被普遍质疑，直接损害了交易平台赖以生存的信誉，进而产生了损害这个行业的长期效应，导致交易市场的非技术性安全问题一直存在。此外，交易平台包括数字货币的存储、交易等技术问题十分突出，几乎所有的交易平台都遭受过黑客的攻击而导致服务中断。虽然交易平台加大了对安全技术的投入，提高了安全保障级别，但就目前看，数字货币交易平台还很脆弱，安全性还有待提高。

三、数字货币的发展现状与改善方向

数字货币因为种种限制和亟待解决的难题只流通于小众圈子，因此，探索如何使数字货币真正应用于生活的方方面面是目前亟须解决的问题。我们可以依据目前的发展情况，来探讨数字货币的发展。

（一）数字货币的发展现状

目前，数字货币的交易主要是进行短期投资交易，短期投资交易也是吸引参与者最多的领域。数字货币在交易平台上集中进行交易，类似于股票交易所一样。设立交易平台的投资门槛并不高，但大型交易市场的承载负荷和安全防范措施的设置，则要求有较大规模的投资需求。交易平台的盈利模式主要是收取交易手续费，部分平台也开展了风险较高的自营套利的方式，以保证平台的运转与盈利。

许多从业者甚至投资者对数字货币的青睐，不是基于对数字货币的正面肯定，也不是基于对数字货币理念的信心，而是基于短期投机的机会。相当多的投资者甚至连比特币是什么都不清楚就盲目参与炒作，这在比特币价格高速增长时已是普遍现象。而在数字货币圈内也不乏怀疑论者，许多投资行为仅限于当下机会，在行动上对短期利益多持急于兑现的态度。如此，当然不能指望投资布局向纵深延伸。因此，无论是在深度还是广度上，民众都缺乏对数字货币的系统研究，也正是这个基础层面的缺失，使得深层的延伸开发及其服务系统的构建难有起色。

目前的数字货币发展现状并不代表今后的走向。数字货币是有其自我发展趋势的，无论目前的发展情况如何，它都有自身发展和演进的规律，不会只停留在目前初级应用阶段。随着对数字货币认知的提升以及其技术上的完善，数字货币一定会有更大发展。

（二）数字货币的改善方向

一项新技术从实验室到社会化的广泛使用，关键在于核心技术细节的成熟与完善。数字货币从基础研究到应用研究都值得我们关注，而本书更关注的是数字货币在未来的应用新技术、应用新理念、应用新价值。

从互联网计算机的运营层面看，数字货币还处在从小范围的实验室到区域范围的实验阶段，有上面章节的案例为证。它作为一种商业流通货币，仍然存在一些不成熟的技术问题，需要不断地改进与完善。因此，数字货币要想走向更大的社会商业圈应用层面，仍有很长的一段技术探索的路径要走，要经过实验室阶段、小试阶段、中试阶段、社会化阶段。

从互联网上的计算机软件应用技术而言，凡是成熟的计算机应用软件，都需要经历一个漫长的测试与完善阶段。当这个软件成熟了，也就意味着这个运营程序已经落后了，更加优质的软件或许已经在最后的测试阶段了。各家商业银行现在应用的数字货币就是处于成熟技术这个阶段，这是多年运营的完善结果。所以，未来一定会出现更加先进、可靠的货币体系。

互联网的出现，带来了三项最重大、最深远的影响：一是实现了信息的无中心化发展，二是链接了无限的各类市场，三是带来了无限的发展商机。先进的互联网，一开始都是不成熟的，后来慢慢走向成熟与辉煌。互联网在被广泛使用的过程中，存在的一个最大问题是数据容易出现被窜改的可能。运营信息的不真实，会降低社会运行的真实效果。为此每一天都在为验证和确保各种信息的安全而付出更大的运营成本。如果从互联网总体看，这是一种巨大的浪费。

数字货币也是如此，一开始要经历一个不成熟的发展过程，而它拥有的新特性使得它有了可以防止信息在各个链接中被随意窜改的有效技术，所以最终一定会走向成熟，走向对传统货币形式的合理替代。

数字货币的出现颠覆了人们对于货币的理解，是一种互联网的技术飞跃，在经济理念上颠覆了原有的交易模式，在网络应用上是一种技术提升的变革，使交易支付变得更便捷、更安全。除此之外，数字货币还有币值不稳定、交易平台不够安全、社会认可度不高等问题。这些问题都在制约着数字货币的发展，制约着数字货币成为真正可以在日常生活中流通的货币。

1. 数字货币向稳定化方向发展

数字货币的币值要稳定。没有人会喜欢高通胀的货币，人们喜欢的永远都是能保值的货币。目前的数字货币因为没有发行机构的背书，受政策和市场环境变动的影响极大。比如，今天有一个国家宣布承认数字货币的合法地位，数字货币的价格就会应声上涨；有一个数字货币交易平台受到攻击导致其所储存的数字货币被盗取，数字货币的价格就会下跌。数字货币市场类似于一个股票市场，充斥着大量的投机行为：人们购买数字货币不是为了交易使用。从某种意义上说，数字货币发展到今天，其目的是期望在日后升值时获利。因此，为了改变这种情况，数字货币的币值应该向着稳定发展，而币值的稳定又涉及许多方面，这预示着数字货币的真正流通使用还需要一定的时间。

2. 重新定义数字货币

社会对数字货币的理解还有待提高。数字货币首先从商业圈子里产生，起初只是一种娱乐货币、一种游戏规则中的理想货币，并非以商业信用为基础的信用货币。因此，数字货币与传统货币的最大区别就在于数字货币无发行机构的去中心化设置。传统货币由政府背书，代表着政府的信用。例如，人民币是由中国人民银行发行的，美元是由美联储发行的，因此，人们会觉得使用这些货币十分安全，对这些货币的社会认可度很高。而数字货币是一个不需要商业银行汇款、采用区块链技术的去“商业银行中介”的结算模式，是一种以商业信用为基础的货币。没有发行机构的数字货币会让人们觉得没有强大的、可靠的中央银行或政府背书，因而认为这种货币是不安全的。同时，数字货币是完全虚拟化的，只存在于计算机和互联网中，是看不见、摸不着的“虚拟货币”。这对习惯于使用实物货币如纸币的大多数人来说是十分陌生的。因此，改变这种习惯还需要很长一段时间。总之，未来数字货币需要在技术层面和社会层面不断地提升与完善。

第二节　互联网经济下的数字货币

一、数字货币的结算功能——分布式记账模式

数字货币被称为“互联网时代的第二个春天的到来”，将不断地推动商业网的发展与繁荣。数字货币所带来的改变，在于它的结算功能，即所谓“分布式记账”模式。

（一）“分布式记账”概述

“分布式记账”是一个关于“谁拥有什么”的数字记录，但不同于传统的数据库技术，它既没有中央管理员，也没有中央数据储存。分类账在对等网络许多不同的节点上被复制，“一致性算法”可以保证每一个节点对分类账的复制与其他节点上的复制完全一致。因此，可以把一系列复制视为一个单独的共享分类账。资产所有者必须使用密码签名才能借记自己的账户，贷记他人账户。因此，“分布式记账”是不可伪造的。

分布式记账这种新技术产生后，如何提高社会应用价值，这是本节最关注的创新商业运营问题，本节将探究这一新技术的商业应用价值。

把“微信支付商业模式”延伸到这里来进一步地发挥：为社会“小额消费、大市场应用”创造最大的商业价值，这就是“互联网 + 区块链技术”的核心价值。微信以个人通信为基础，在互联网的环境下导入电子货币，扩展它的应用范围，以接入商业支付市场中。如图 3-2 所示。

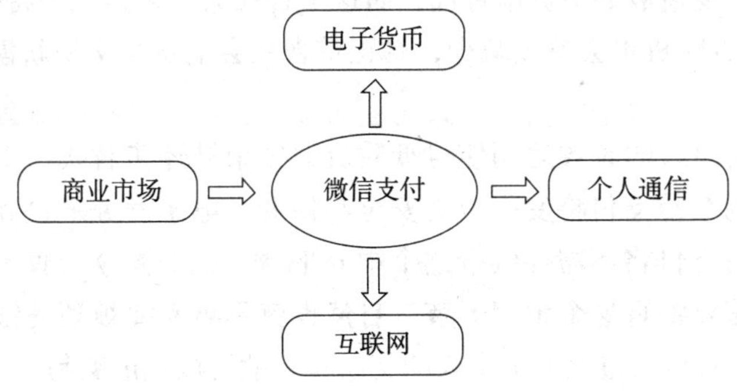

图 3-2　微信支付商业模式

如果在这个无限大的电子商务模式中，再引入数字货币这个“新使

者”，即如果能在“小额消费，高频率的大市场应用”，也就是在CTC（customer to customer）和CTB（customer to business）的商业环境下使用，就能提高交易效率，提升交易的安全度，降低运营与交易成本。也就是说，可以把复杂的支付问题简洁、透明化。这一新型复合模式，就是互联网上的“高铁模式”。如图3-3所示。

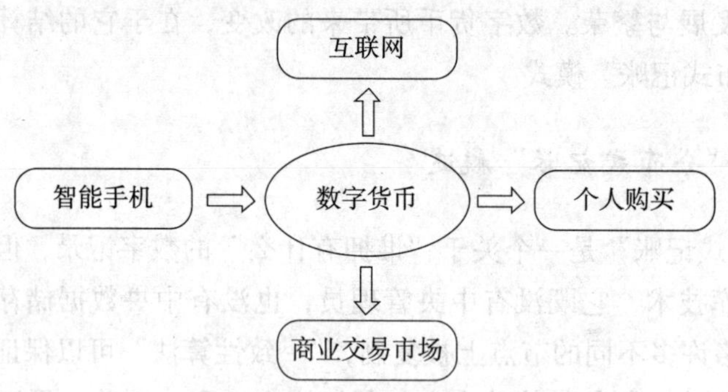

图3-3 “互联网+数字货币”商业模式

这种模式可以省去“商业银行的集中支付结算系统”这一中间运营环节，这一环节带来的高额交易与运营成本自然也可以一并省去。区块链技术可直接将每一笔交易记录到区块中，存储到全网中进行分布记账，绕过商业银行这套结算模式，不但提升了交易的清晰度，而且可以提升交易的可持续跟踪性。

这个模式的运营优势在于，把数字货币引入“小额消费”这一最容易接受的形式中，消费大众对数字货币产生初步认识。基于这一模式，社会现钞将逐渐被数字货币替代，而这个替代的结果是现钞将持续减少，商业银行ATM机也会持续减少，真正带来社会消费与交易新模式的效率提升。

这个新模式的有效运用使得纸质流通钞票被逐步替代，未来互联网上点对点的交易支付将变得极为安全与便利，电子商务平台和买卖之间的小额交易支付将不需要银行这个中介平台，就如同今天收发电子邮件一样。不需要银行这个中间环节，自然也就不再需要烦琐的银行之间的清算过程，直接通过电脑上个人的交易程序就可以完成交易。

这一新模式虽然对现存的商业交易模式有较大突破，可以有效改善商业流通环境，但是，要想实现这一新模式稳定的运营与发展，需要具

备以下几个条件：一是在国家监管部门的管控与审批下，稳健运营；二是在国家税务部门的管控下，合法纳税；三是在国家市场监管部门的业务监管下，在规定业务范围内运营；四是在国家各级法院监管下，依法管控与规避法律纠纷。

（二）分布式记账行业推广价值

在这种能被国家管控的“样本”的健康运行下，“跨界”成为一个热点概念，创新就是把资源关联起来，把这种模式再逐步推广到以下三个行业，带来资源共享的新价值。

1.“互联网＋出租车圈”

如今互联网时代下的出行圈，与以往相比，已经大为不同。现在民众出行时更多地选择服务更好、价格更便宜的第三方打车软件。使用第三方打车软件不需要向司机支付现金，可以通过微信支付、支付宝付款等移动支付方式进行付款，十分便利。而在未来加入数字货币后，其支付方式将更加便捷，使用手机中的数字货币钱包进行付款，而不必再绑定第三方支付软件。除此之外，由于使用了数字货币，交易的所有信息也将被记录，尤其是实名制的钱包账户可以对交易双方的身份信息进行确认和登记，以有效提高出行安全性。

2.“互联网＋大旅游圈”

新模式下，人们将不再需要购买纸质门票，而只需使用数字货币，购买数字门票即可，不仅免去了纸质门票以及在景区内设置人工查票的成本，还可以实现对客流量的实时监控，以优化游客体验。同时，在景区内可以通过游客的手机定位来获知游客的位置，最大限度地保证游客的安全。

3.“互联网＋医院圈”

现在人们去医院就诊虽然与之前相比已经十分方便了，只要携带医保卡、银行卡和身份证就可以就医。但是，跨地区就诊、支付医药费等方面的体验还需提高。而在加入数字货币后的互联网大数据下的医疗圈，人们只需要携带手机就可以顺利就诊，所有有关数据都可以存储在我们的实名账户中，基于区块链技术可以实现跨地区的实时信息共享，支付医药费也更加方便。医院与病患的数据被收集后，可以优化人们的就诊体验，包括避开就诊高峰以及药价全市比较等，以实现公平、安全、有效的就诊体验。

上述三种新模式只是未来数字货币时代下众多模式的缩影。未来所有新模式都将进一步降低现钞在市场交易中的流通量，提高市场交易的安全度，提高国家借助“区块链新技术”“分布记账”新模式，以及数字货币新工具，对市场的管控水平，提升整个社会秩序的价值。

二、“数字货币 + 小商业圈”

目前的数字货币主要流行于小商圈，应从目前的数字货币与小商圈的案例中学习和总结，对其潜在的价值与作用加以提炼与总结，以使其在今后获得更大的发展。

（一）互联网中的“虚拟货币”运用模式

所谓互联网思维，就是对传统事物包括市场、用户、产品、企业价值链乃至整个商业生态等进行重新审视的思考方式。在过去，互联网只是一种工具，而现在，随着互联网的深入发展，大数据、云计算等技术的不断更新与普及，互联网已经包含了更多内在的东西，不仅是一种工具，还代表一种思维、一种文化，已经与我们生活的方方面面联系在一起，成为社会生活不可分割的一部分。以前，没有人会想到互联网会颠覆那么多行业，如今，人们很少使用通信套餐中的短信，是因为微信替代了移动通信的短信功能；人们越来越倾向于出行选择服务态度更好、价格更加亲民的第三方打车软件出行，传统出租车行业受到了巨大冲击……这些都是近几年来互联网带给我们生活带来的改变。

移动支付将带来更便捷的支付体验；微信支付等新功能体现出收单主体的日益多样性；包括支付宝在内的互联网企业加速创新，在创新中补足短板，借助网络为无限的买卖双方的小额购物服务，提升支付的若干功能等等。

互联网模式在起初的运营中，被替代最大的是钞票流通量。人们日常使用的现金在交易中的角色被进一步边缘化，进而开始转向借记卡、信用卡等支付工具。

在互联网这个支付平台上，又出现了另一个创新资源——大数据。

数据资源可谓电子商务参与跨界竞争的稀有资源，在不确定的信息产业链中，谁最终掌控大数据资源，就意味着触角的进一步延伸和客户基础的大规模提高。

互联网时代，大数据的垄断有时可以提升“开放式大商城”电子商务平台的运营能力。这是一个重要的商业数据资源，它不仅可以增强原有商业模式在商业圈中的核心竞争力，还可以提高其在新的商业竞争圈中的话语权。这种资源模式可以精准地设计新的产品需求，提升商业平台供给侧的商业综合价值。

什么是商业信用？比如，把某商业企业房屋所有权登记到区块链上，这样可以用某公司的房屋资产做抵押，来发行商业圈一定数量的民间数字货币。商业信用就是利用这个公司资产中的房子作为抵押物。

区块链技术应用于商业圈互联网交易中，能进一步提升信息安全性，解决交易各方真实身份识别等应用难题，提高交易安全和效率等问题。

传统网上结算模式是“互联网＋电子货币”商业模式，这种模式存在两个最大的缺陷。一是不能解决监管上的交易实名制问题，容易产生欺诈行为。虽然国家现在要求创建网络账号以及交易账户时要符合实名制的要求，但是，现在的技术还无法做到有效地监管。人们可以轻易地使用他人的身份信息注册账户，进行交易。这些漏洞给了犯罪分子以可乘之机，犯罪分子使用盗取的身份信息注册账户后进行违规或违法交易。在犯罪行为被发现后，却可以因为使用了虚假身份信息而逃脱惩罚，给被使用信息的当事人带来巨大的麻烦和风险。二是不能解决交易的真实性，容易带来漏税行为。目前的财务体系自身的缺陷带来的信息不对称使得偷税漏税行为层出不穷，国家会因此蒙受巨大的损失，同时，偷税漏税行为对于其他人来说是不公平的，因此，迫切需要导入新的模式来修正这一缺陷，以维护社会的公平与秩序。

怎样让“区块链新技术和数字货币新模式”造福市场经济，提高市场经济运行的可跟踪性？我们可以在成熟运行的“小商业圈”中先行导入这种管理模式。

人们借助“数字货币”这个管理工具，把“分散的虚拟清算和资产登记”统一起来，一种创新的清算机制就导入社会交易管理。如图 3–4 所示。

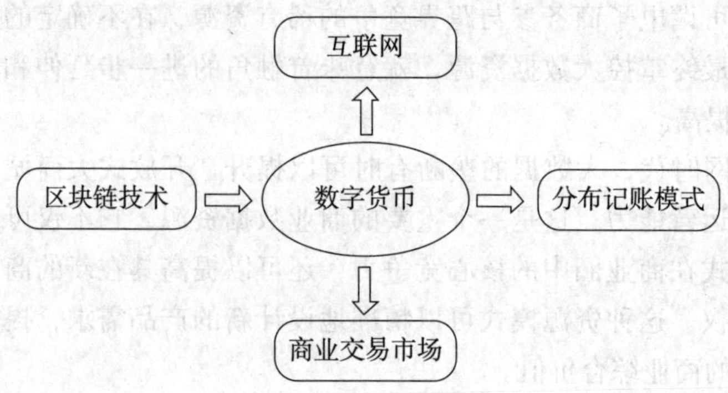

图 3-4　数字货币下的清算机制

这个运营系统还有一些相关技术要求，其中，最关键的一点就是系统的商业信用品牌的支撑与管控要在国家监控下运营。只有这样，才能保证这一系统的稳定运转。

另外，需要注意的是，数字货币要保持币值的稳定和可自由兑换。无论消费者使用哪种系统，他们都希望该系统是服务最好、价格最适合的，可以得到更多的实惠与便利，而这恰恰就是数字货币的真实价值所在。因此，数字货币下的新模式要以顾客为中心进行优化和改善，加入更多便民功能，使其易于被消费者接纳。

这种模式使用的范围是从小到大、慢慢向外扩散的，可以先在国内正规品牌的大商场、大超市使用这种新模式，然后等系统运营成熟，积累了足够的运营经验后再推广到小商场、小超市或便利店。

这一模式的一大优点就在于采取了分布式记账方式。分布记账的优势在于组合账本，例如，“我”的钱从哪儿来，谁给“我”的、什么时候给“我”的，“我”给了谁就变成一个账务了，钱从哪儿到哪儿就变成一个交易行为了。如果有多个参与方，那么就可以通过组合的形式、以交易的形式来记录资产。基于此模式，国家对纳税情况便清晰可查，可跟踪，从而使商场复杂的交易问题变得非常简洁，节省了一大笔纳税监管等费用。

在这种运营模式的基础上，企业可以建设“互联网＋财务报表系统”，从而自动生成资产负债表、现金流量表、损益表和实物表等企业所必需的报表。

这种模式的核心价值就在于“分布式记账”的出现使得转账无须再

经过可信的“第三方”即可得到验证。这既提高了业务运营的透明度，也提高了数据的可靠性、真实性，使得企业商业数据模块的运营效率得以提升，提高了市场“瞬息万变”的不确定环境下，供给侧经营的精准度，同时使信息可以跟踪，企业漏税状况透明可查，提高了国家与企业的利益分配合理性，商业运营中的税务成本清晰可查。

这样的创新环境，更重要的意义是数字货币将使第三方机构或多边信息验证机构失去存在的商业价值基础。“分布式记账”之间的支付与交易所带来的预期创造，将会替代现行的第三方支付交易系统。

在民间商业圈使用数字货币这种管理工具，只有限定在一个合理的范围内，用这种科技管理资源，为商业市场交易创造更便利、安全的商业价值。同时，“互联网＋数字货币”本身就是一个去中心化的系统，它没有一个中心，是一个完全开放的网络，在互联网这个架构之上，有各种各样的去中心化（或者中心化）的基础设施存在，这是造就互联网繁荣的核心优势。网上支付的重要流程为监管、清算、核算、结算。

互联网上的电子商务，尽管比起过去的线下市场交易取得了更大的发展，但由于建立在传统的商业银行支付模式下，因此，最终市场交易双方的收付业务，仍要通过各商业银行的“集中信息处理模式”来实现结算与转账。也就是说，仍然离不开银行这一中间机构，因此，其运营成本与运营效率没有得到根本解决。数字货币制度可分为积分制、会员制、透明制、实名制。

“互联网＋电子货币”这一模式的缺点在于网上交易中的监管信息与监管成本都比较高。个人购买行为或企业购买行为，可以形象地比喻为建立在传统模式上的火车轨道运营，运营效率与运营总量有限，只是其背后的实际交易流程人们看不到，感受也就有限，网上购买的支付行为，最终还是在各账户交易背后的商业银行集中处理系统下完成。

（二）数字货币的支付实践

如果在自身的商圈内应用特定的数字货币系统，就不但可以极大地提高交易的安全度，而且可以稳定和扩大商圈“会员制”，提升会员的积分，根据消费的状况，给予数字货币优惠与奖励。这些措施将创造商圈新的运营价值，使人们如同感受“高铁模式”的飞速一样感受新系统带来的各种便利与快捷。

这一新模式如今已经在世界上许多国家和地区试验使用。这些国家和地区对数字货币保持高度的关注，甚至有一些国家如英国、荷兰已经或正在着手研发属于自己的数字货币，可见数字货币具有非常大的潜力。目前已经有很多公司认识到数字货币的商业价值，开始尝试使用数字货币进行交易。

三、“数字货币 + 区域商业圈”

在研究了数字货币与小商圈后，就可以将商圈的范围扩大，扩大到区域商圈来探索数字货币的应用。下面通过对传统商业模式的回顾，来探讨数字货币在区域商圈如何获得更好的发展。

（一）传统商业模式与数字货币下的商业新模式

数字货币采用“分布式记账”的计算机系统来替代独立的第三方清算。“分布式记账”技术可以使系统用户为自身和其他交易者进行交易验证。由于系统中的每一个人都有验证权，每一个人都能看到验证结果，因此，就不需要一个可信任的商业银行来担任第三方的角色，使复杂的交易变得非常简捷。这就是数字货币的最大优势。

数字货币新模式下的市场交易环境发生了巨大变化。新技术能够且正在降低现有支付体系的交易成本。这一点很容易理解，就像网上账单支付一样，网上支付越多，需要的银行营业网点越少，相应的人工、租金等成本就越来越低。

这种模式不涉及支付系统的后台变化。在这样的交易过程中，“分布式记账”取代了商业银行的支付地位，使商圈在有限的范围内使用总量可控制的数字货币，原有的互联网基础上的电子商务模式再一次升级换代，可以创造极大的社会市场交易价值。

如果说原有互联网模式下的以电子货币为支付手段的商业模式，极大地提高了对区域实体商业的替代作用，那么，新的商圈内数字货币在去“中心化”的优势上，进行充分的扁平化分布记账，实现所定区域商业价值的创造与增长。

商业信用环境下，更需要商业信用品牌的影响力支撑。要想持久地

建立在这个基础之上，必须形成较强的品牌效应和影响力。只有这样，才能使新商圈内的市场交易，形成更高效的电子商务行为。

（二）数字货币在金融商业圈的运用实践

数字货币的出现，在全球范围内引起了人们的热议，除了引起各大商家的关注外，也引起了与货币联系最为紧密的金融业以及银行的关注。截至 2016 年初，加入 R3CEV 公司的区块链研究计划，即开发金融领域分布式账簿系统计划的银行已经有 42 家，如瑞士银行集团（UBS）、高盛集团（Goldman Sachs）、J.P. 摩根（J.P.Morgan）等。除此之外，各大银行也纷纷运用自己的资源和技术来对数字货币这一领域进行研究。

1. 花旗银行

花旗银行是一家拥有 200 年历史的银行，是美国最大的银行之一，也是一家在全球近 150 个国家及地区设有分支机构的国际大银行。2015 年 4 月，花旗集团在一场发布会中称，其银行对区块链技术十分感兴趣，这表明花旗集团一直在关注数字货币的发展，或许在之后会有大的动作。

果不其然，2015 年 7 月，花旗银行承认其正在运行一个数字货币测试平台，这个平台就是正在研究的 Citi Coin。据国际财经时报网报道，花旗集团根据区块链技术研发出了自己的数字货币——花旗币。研发数字货币并非难事，只要有一定的编程知识，就可以创造出一种数字货币。不过，花旗银行——至少其研发部门正在研究数字货币技术这件事，却昭示出更大的可能。

国际财经时报网引用了花旗集团创新实验室负责人肯尼思·摩尔（Kenneth Moore）的言论。他表示："目前花旗在内部已经启动并运行了三套相互独立的系统，它们均利用了区块链分布式记账技术。目前，这三套系统都运行于封闭环境的实验室中，因此，并没有真金实银经过这些系统流转。需要说明的是，它们处于准产品阶段。我们在实验室内还运行着一种类似于比特币的数字货币，即'花旗币'——目前还没想到更好的名字。（花旗币）目前只是在实验室中试验，不过其目的在于保证我们的数字货币技术处于领先水平，以及我们能够利用该技术抓住发展机遇。"肯尼思·摩尔还将花旗币视作跨国转账的一种方式，并预测将形成一个内部“挖矿”网络，终端节点可以通过该网络完成必要的工作量，从而对账本进行维护。

2. 桑坦德银行

2015 年 6 月，桑坦德银行与金融技术投资基金 Inno Ventures 合作，共同进行区块链试验，研究聚焦于如何将区块链技术应用于传统银行业，目前已发现 20 种至 25 种可以使用区块链的场景。桑坦德银行认为，区块链技术或许能每年节省 200 亿美元的国际交易及结算成本。

3. 巴克莱银行

作为英国的第二大银行，巴克莱银行通过“巴克莱加速器”，也就是金融产品创新实验室孵化器项目，选出了三家与区块链相关的初创公司 Safello、Atla-sCard 和 Blocktrace 进行投资合作。2015 年 6 月，巴克莱银行与比特币交易所 Safello 达成协议，将共同探索区块链技术如何改善金融服务业。

4. 伦敦创新组织

总部位于伦敦的金融创新组织（Innovate Finance）在 2015 年 10 月成立了专门用于研究区块链技术的实验室，其目的是研究区块链技术的实际应用价值，并将其用于改善金融公司的服务水平和探索新的反洗钱技术等。

该组织的首席赞助机构之一是伦敦金融城公司（The City of London Corporation），它管理着世界上最著名的金融中心——伦敦金融城。伦敦金融城是全球领先的金融、商业和经济中心，而伦敦金融城公司则是支持和推广金融城及城内企业的机构。

金融创新组织的 CEO 劳伦斯·温特迈尔（Lawrence Wintermeyer）在声明中说道：“我们很高兴看到我们的成员公开合作，为社会贡献先进的应用。如果我们能够利用实验室为区块链技术研发并制定出一套为金融服务的开放标准，那么，我们就离推动这一突破性技术的大规模应用更近了一步。”

5. 瑞银集团

瑞士银行业巨头瑞银集团是一个总部设在瑞士苏黎世的全球金融服务公司，是世界第二大私人财富资产管理者，也是欧洲第二大银行。

瑞银的分行遍布全美国及 50 多个国家。2015 年 4 月，瑞银集团在伦敦新近建成的 39 层标志性建筑金丝雀码头大厦中开设了新的技术研究中

心，该中心将研究区块链技术在金融业务中的应用。

实验室会集了银行业和金融业的专家。研究员和特邀专家们将在这个实验室里研究区块链是如何工作的，如何利用区块链技术完成大规模的金融交易，同时让交易变得更有效率、成本更低。实验室将努力开发相关技术，用以解决一些全行业面临的共同问题。例如，如何管理和分析海量数据，以及如何更好地评估投资风险等。

6. CBW 银行

美国的 CBW 银行是一家位于堪萨斯州拥有 100 多年历史的小型社区银行。这家银行与数字货币公司 RippleLabs 建立了合作伙伴关系，并推出了它的实时支付系统——ONE Card。这项实时支付系统旨在为客户的实时结算提供便利，使得客户可以即时取回资金。

7. 纽约梅隆银行

纽约梅隆银行也在研究虚拟货币币技术，把虚拟货币的去中心化、点对点交易等特点运用到银行的客户服务器系统里，目的是提高金融交易的效率。同时，这家银行还推出了一种供公司内部员工使用的酬劳系统 BKCoins，这个系统可以用来兑换礼品卡、优惠券以及其他津贴。

国际银行纷纷研发数字货币系统这一举动并不难理解，不单是国际银行，未来可能会有更多的金融机构涉足数字货币领域。曾几何时，银行是金融体系的绝对核心，经历了 30 年的高速增长时期却鲜有创新。而在互联网时代，银行正在遭受其他行业的冲击。如今数字货币的出现，使银行看到了新的希望、新的机会，希望通过对数字货币的研究重新占据有利地势，回到巅峰。

四、民间“数字货币 + 网上商业圈”

前文提到，数字货币最早出现于互联网中，与互联网的结合是理所应当的。而在与互联网的结合应用中，网上商业圈是一个很重要的部分，也是最易与数字货币相结合的部分，因此，数字货币与网上商业圈结合的分析值得我们重视需要探讨其中蕴含的商机。

（一）数字货币在网络商圈的流通条件及监督思想

从线下超市电子商务运营状况可以看出，这一模式运转十分复杂，资金要在会员结算账户、市场交易资金汇总账户、市场清算交收账户和会员交易保证金账户之间来回运转，其间需要经历不同的机构，因此，其效率并不高。而随着互联网技术的发展，这一模式将逐渐被网上购物模式所替代。

网上购物是新的发展趋势，建立在这一新趋势之上的数字货币更具有用武之地。数字货币所具有的核心优势就是“分布式记账”的新模式，这种新模式替代了商业银行过去“支付中介”的垄断地位。

民间商业信用在这样的市场环境中，将会得到极大的增强；同时我们应该看到，这将会给国家对民间信用的管控带来很大的挑战，是一个问题的两个方面。

1. 数字货币在网络商圈流通的条件

数字货币可以“便利 + 放大”商业市场交易行为，充分实现互联网上的个人自助化购买交易，使商圈业务不断繁荣。

商圈中的数字货币要具有支付职能，在流通运营中，必须具备以下条件：一是保持商圈使用的数字货币的币值稳定，这是货币使用中最重要的部分；二是具有充当商圈内商品买卖的价值尺度职能，也就是说，要有自身价值；三是可与国家发行的货币自由兑换，这意味着与传统货币体系要做到无缝对接，也相应地提升了此种货币的公信力；四是商业圈数字货币要具有强大的商业信用支撑，商业银行愿意为此担保或买单。

综合以上几个条件，可以看出，每个商圈所经营的商品品牌与质量的高低，数字货币的币值稳定性，是创造新的竞争模式的关键因素，也是该民间数字货币能够流行的重要因素。

这里特别指出，商圈自身的数字货币，必须在所在国家法律的许可范围内，并受到国家监管的管控，实现高效的运营。

商品交易在任何时候都是第一性的，数字货币只是一种支付方式。这两者的关系，可以比喻为路况与车况的匹配关系，车况是数字货币，路况是互联网。这两者的组合，将推出一个商业新模式，简称普惠模式。

2. 数字货币在网络商圈的监管事项

在“互联网 + 数字货币”金融模式下，应增强区域金融监管部门的风险管控能力，加大对“信用风险 + 市场风险 + 操作风险”的综合监

测力度，以防范这种金融模式的系统风险。因此，监管时应该注意以下几点。

（1）利用互联网技术去分析和管理风险。在互联网时代，无论是市场还是数据的规模，都较之前有了质和量的飞跃，因此，无法再使用传统的监管模式进行监管，必须与最新的互联网技术相结合，才能完成监管的任务。例如，大数据与云计算给了人们新的思路，通过这些方式，可以做到对互联网金融模式的有效监管。

（2）防止欺诈，切实保护投资者的利益。只要是交易，就有欺诈发生的可能。为了防止欺诈，一方面，要使用最新的技术进行有效监管；另一方面，要提升消费者的识别能力。互联网金融不像之前的模式那样“看得见、摸得着”，存在着许多虚假信息，且难以辨别，陌生的互联网专业术语也提升了我们辨别真伪的难度，因此，需要对消费者进行互联网金融知识的普及与教育，提升消费者对互联网金融的理解。

（3）反洗钱，防止小额网络借款公司利用资金池进行违法、违规操作。小额网络贷款是一种“个人对个人”的小额信用贷款。发展小微金融模式，实现了投资者和有资金需求者之间的信息对称和资源高效利用。

民间“数字货币＋网上供应链”小额贷款模式，包括个人贷款和法人贷款，而个人贷款又分为消费贷款和经营贷款。民间数字货币与互联网结合的小额贷款模式，依托互联网上无限的潜在客户以及数字货币这一新型货币的优势，可以跳过银行这一中间机构，也可以选择与银行合作的模式，在区域商业银行内实施“互联网＋数字货币”的“普惠金融”，以推动国家支持的有关行业中供应链业务的小微企业或个人经营贷款业务的发展。

（4）制定操作行为规范，建立日常经营指标的统一标准，加强对透明度的监管动态要求。“互联网金融＋数字货币”这一新模式与之前的模式相比，发生了巨大的变化，因此，用以往模式的行为规范制度是不合适的，必须建立适应这一新模式的规范与标准制度，唯其如此，才能有效规范操作行为，推动这一新模式迅速发展。

（二）数字货币在网络商圈的新发展

互联网改变了人们生活的方方面面，网购更是极大地便利了人们的生活。以前人们买东西要到集市或者当地的商场购买，不但费时费力，而且常常买不到自己想要的东西；现在，通过购物网站，人们足不出户就可以购买想要的商品，甚至国外的商品现在也只需拿起鼠标轻轻一点就可以坐等货物运送上门，这既节约了人们的时间，又便利了人们的生活。如果能将数字货币与网购结合的话，依靠数字货币的便利支付与结算模式，就能使网购体验更加顺畅、舒适。

数字货币与网购相结合，与之前的模式相比，最大的特点在于改变了网购环境中的流通货币。以前人们在网购下单时，需要通过本人持有的银行卡的网上银行进行付款，不但手续烦琐，而且成功率也不高。后来阿里巴巴推出了支付宝与银行卡绑定的方式，这样，用户购买商品的所需金额可以直接从银行卡转移到支付宝的备付金中，等待买家完成交易后就自动转到卖家的账户中，简化了之前烦琐的流程，提高了交易的成功率。但是，这种模式因为仍需要从银行转移资金，因此，不可避免地要受到银行的影响。

事实上，数字货币与网上商业圈的结合是完全可能的。因为两者都是互联网时代下发展的产物，都为人们的生活提供了极大的便利。虽然目前数字货币与网购的结合还需要解决一些包括技术和观念在内的问题，但假以时日，两者必将融为一体，使互联网经济焕发出新的活力。

第三节　数字货币发展新趋势

一、全球“国际金融云+数字货币”

数字货币扩展到全球范围，必将颠覆世界金融体系，最突出的就是将构建新型的以数字货币为基础的国际金融云，而这一新型的国际金融云将对现行的世界金融体系产生深刻的影响，带来前所未有的新体验。

（一）构建世界金融云的交易新系统

云计算是基于互联网相关服务的增加、使用和交付模式，通常涉及通过互联网来提供动态、易扩展、虚拟化的资源。通过使计算分布在大量的分布式计算机上，而非本地计算机或远程服务器中，企业数据中心

的运行将与互联网更相似。这使得企业能够将资源切换到需要的应用上，并根据需求访问计算机和存储系统。

1.云计算的特点

（1）云计算的规模巨大。从“云”这个字，就可以看出这一体系的庞大。云计算具有相当的规模，即 Google 云计算已经拥有 100 多万台服务器，Amazon、IBM、微软、Yahoo 等均拥有几十万台服务器。企业私有云一般拥有成百上千台服务器。“云”能赋予用户前所未有的计算能力。

（2）云计算的形态是虚拟的。云计算支持用户在任意位置、使用各种终端获取应用服务。所请求的资源来自“云”，而不是固定的有形的实体。应用在“云”中某处运行，但实际上用户既无须了解，也不用担心应用运行的具体位置。只需要一台笔记本或者一部手机，就可以通过网络服务来实现我们需要的一切，甚至包括超级计算这样的任务。

（3）云计算具有高可靠性。“云”使用了数据多副本容错、计算节点同构可互换等措施来保障服务的高可靠性，使用云计算比使用本地计算机更为可靠。

（4）云计算具有通用性。云计算不针对特定的应用，在“云”的支撑下可以构造出千变万化的应用，同一个“云”可以同时支撑不同的应用运行。

（5）云计算具有高可扩展性。“云”的规模可以动态伸缩，以满足应用和用户规模增长的需要。

（6）使用云计算系统的价格低廉。由于“云”的特殊容错措施可以采用极其廉价的节点来构成云，“云”的自动化集中式管理使大量企业无须负担日益高昂的数据中心管理成本，“云”的通用性使资源的利用率较之传统系统大幅提升，因此，用户可以充分享受“云”的低成本优势，经常只需花费几百美元、几天时间就能完成以前需要数万美元、数月时间才能完成的任务。

结合现实情况看，随着互联网技术的发展，世界各国之间的联系越来越紧密，其中包括各国金融体系之间的联系。各国的历史和发展方向各不相同，由此，各国的金融体系发展现状各不相同，且具有较大差异，因此，很难将世界各国的金融体系加以整合，以促进经济与金融的发展。但是，这一切随着数字货币的出现将可能有所改变。数字货币结合互联网所带来的世界金融云体系具有很强的可扩展性，可以随时扩容以达到接入世界各国金融体系的要求。数字货币下的国际金融云可以提供可用的、便捷的、按需的网络访问，进入可配置的计算资源共享池，而且这些资源能够被快速提供，只需投入很少的管理工作，或与服务供应商进行很少的交互即可。

2.国际金融云有的优势

（1）依托数字货币的国际云金融可以降低金融机构运营成本。这一新模式可以最大限度地减少成本和费用，提高线上业务收入。云计算可以帮助金融机构构建“云金融信息处理系统”，再加上数字货币这一有力工具，可以有效减少金融机构在诸如服务器等硬件设备上的资金投入，使效益最大化。

（2）国际金融云可以使不同类型的金融机构分享全世界的金融全网信息。如今全球交流日趋紧密，任一国家的经济波动都有可能引发全球经济的动荡，所以掌握各个国家的金融信息十分重要。金融机构构建国际化的金融信息共享、处理及分析系统，可以使其扩展、推广到多种金融服务领域，诸如证券、保险及信托公司，均可以作为云金融信息处理系统的组成部分，在全世界的金融系统内分享各自的信息资源。

（3）构建云金融信息处理系统，统一网络接口规则。目前，世界各国金融机构的网络接口标准大相径庭，这也是统一全球金融机构网络的难点之一。通过区块链技术构建全球云金融系统，可以统一接口类型，最大限度地降低如跨行业务办理等技术处理的难度，也可减少全行业硬件系统构建的重复投资。另外，区块链技术还可以保证信息的准确性，小道消息是无法在信息系统中流通的，只有经过一定机构的可靠认证后才可以流通。

（4）国际金融云可以增加金融机构的业务种类和收入来源。上述的信息共享和接口统一，均可以对资源的使用方收取相关费用，使云金融信息处理系统成为一项针对金融系统同业企业的产品，为金融机构创造额外的经济收入来源。

基于此，数字货币下的国际金融云将每个国家的金融体系连接到一起。这一系统将有效解决信息不对称这一亟须解决的问题，使政府、机构乃至普通投资者的决策更加明智，有效减少金融欺诈，对世界各国金融体系的健康发展具有良好的推动作用。

（二）区块链技术对数字货币发展的作用

1. 区块链技术的去中心化

区块链的核心思想就是建立对去中心化的信任。去中心，其实理解为多中心更准确一些，尽管虚拟货币体系的设计目的是做一个完全去中心化的系统，但是，客观上它已经演进为受控制的一个多中心体系了。

去中心化跟我们传统的体系相比，存在很多差异。去中心化主要体现在三个方面。

（1）所有者的去中心化。原来的系统是一个单一的机构管理和控制系统，用了区块链以后，变为多方参与、共同管理与运营的系统。而随着共同参与管理的人或机构越来越多，每一个人或机构都是中心，也就意味着每一个人或机构都不再是中心，所以说，所有者是去中心化的。

（2）存储是去中心化的。原来整个账本的存储都是由一个节点、一个中心机构进行存储，现在变成大家都一起来存，也就是说，每一个参与者都是一个存储中心。

（3）整个交易验证是去中心化的。以前的交易只要得到交易处理中心的验证并记录后就可以完成，现在则因为每一个参与者都是存储中心，所以对账本的改动需要所有参与者达成共识。

区块链开创新的商业先机所记述的分布式记账系统的分布式方法，跟传统的分布式计算是截然不同的。传统的分布式计算技术主要是为了提高系统的服务能力。比如，一个系统面临压力负载太大的时候，我们就想到要多安几个机器让它们并发服务，如存储。我们要存 100T 的数据，一个节点只能存 10T，所以只有并排地安排 10 个节点同时服务。区块链刚好是相反的，传统的分布式计算技术是竖向排列的，而区块链则相当于是横向排列的。一个数据只存放在自己这里是不被信任的，因为自己可以随意删掉。因此，为了信任问题，把自己的数据让大家都存一份，只更改自己那一份而其他人的备份无法被改动，因此这一改动是无效的。所以，区块链与之前的模式相比，在目的上是完全不同的，从技术路径上也是完全不同的。

2. 区块链技术的环节

区块链的技术包括三个环节。

（1）动态的组网，把这些参与方之间能够变成一个动态组网，在动态组网模式下，一个节点离开了，也不影响系统，新的节点加进来也能够正常运行这个系统。

（2）账本的设计需要满足安全、透明、可跟踪的特征。安全是所有账本的基础，如果账本不安全，那么，就是它有再多的优点和好处我们也不能采用。透明与可跟踪性是对账本升级的要求，可以对交易进行追踪，以提升交易的安全性和合法性。

（3）最难的就是共识机制。一个账本既要保持不同节点之间的一致性，又要能够抵抗恶意的攻击。在分布式计算体系中，每个节点所获得的交易序列是不同的，所以要把这个交易变成同一个序列可以完全相同地记账，又要满足性能的要求。

用区块链来构建国家级数字货币，可以增强央行对货币发行以及流通领域的控制能力，尤其是分布式记账技术应用以后，这种控制能力将得到显著增强。

在数字货币以及区块链技术成熟之后，国际金融云就可以依托数字货币建设起来。云金融是指基于云计算商业模式应用的金融产品、信息、服务、用户、机构，以及金融云服务平台的总称。从技术上看，云金融就是利用云计算机系统模型，将金融机构的数据中心与客户端分散到云里，从而达到提高系统运算能力、数据处理能力，改善客户体验评价，降低运营成本的目的。国际金融云就是将这一模式扩大到世界范围，将不同国家和地区的云金融通过数字货币以及区块链技术连接起来，最大限度地发挥其优势和创新作用。

（三）世界通用数字货币在未来全球贸易中的作用

在经济全球化的今天，国家之间的交流日趋紧密。国际贸易作为国家间交流的重要环节，无论是对经济，还是社会发展，都发挥着举足轻重的作用。但是，由于国际贸易涉及不同国家和地区，因此，当国际贸易的发展遇到一些问题时，往往就阻碍了国与国之间贸易的进一步发展。

首先，国际贸易中交易结算的不便。由于贸易双方是不同的两个或两个以上的国家和地区，因此，要先换算成统一的货币才能进行交易结算，在换算成统一的货币时，自然会产生一定的交易费用。交易一般通

过信用证、电汇和付款交单这三种方式进行付款，这三种主要的方式不但会产生一定的成本，而且为了保证交易的顺利进行，引入了银行，作为中间机构，因此，又产生了许多交易费用。这些成本限制了交易双方之间的利润，间接地阻碍了国际贸易的进一步发展。如果可以寻找一条创新的途径使得这些烦琐的步骤被取消，那么自然就会使国际贸易的发展达到新的高度。

其次，国际贸易的条约中存在风险。虽然国际贸易规则对国际贸易的各项事宜进行了有效规范，对交易过程中几乎所有的突发情况都进行了准确说明，但是，不同国家和地区的文化和风俗习惯不同，导致其对交易条约的理解可能存在一定偏差，且不排除有不守信的商家做出不负责任的利己行为而导致交易失败。因此，就目前国际贸易发展的情况看，仍然会出现许多关于贸易条约的纠纷，一定程度上阻碍了国际贸易的发展。

以上两个问题是国际贸易自开始就一直存在的问题，未来如果将数字货币等技术引入的话，相信一定会有所改观。首先，引入全球通用的数字货币后，国际交易的成本将大大降低。买家只需要先将货款换成数字货币，再使用数字货币进行支付，就可以将成本降低到几乎为零。这样，可以省去维护以往的交易系统如雇用信用证工作人员的成本，进一步节省了人力成本。同时，数字货币可以实现即时到账，极大地提升了交易速度，可谓一举两得。

关于国际贸易条约的问题，如果引入类似“以太坊”的智能合约将可以很好地解决。经过特定程序编程的条约代码清晰明了，对合同中的每一项条约和规定都进行了清晰的说明，足以保证没有任何歧义，交易一切按照智能合约中的规定进行，只有符合智能合约规定的交易才可以完成，任何不符合智能合约规定的交易将按照合约中的规定进行定责分析，从而有效减少了贸易双方之间相互扯皮与推诿的可能，进而降低了贸易纠纷的可能性。

因此，全球通用的数字货币引入国际贸易中后，将颠覆这一传统行业的运行模式。之前的模式以交易双方、银行和两国之间的贸易以及法律条约构成，而在引入数字货币这一模式后，将变为交易双方在智能合约的基础上直接对话，权责明确且无法抵赖，交易速度也较之前有了大幅提高，省去了长时间的货款流转过程，真正做到了“一手交钱，一手交货”。因此，世界通用的数字货币将在未来给国际贸易带来颠覆性的革命，或许这一天很快就会到来。

二、数字货币发展新趋势

数字货币的发展随着技术的成熟和世界各国逐步达成共识，毋庸置疑是会越来越好的。在未来世界舞台的各个角落，都将可能见到数字货币及其底层技术的身影，人们生活的方方面面也将因此改变。我们可以根据现有的发展情况，对未来数字货币的发展趋势进行预测。

（一）打造“去中心化”下全球一体化的新主流经济

世界贸易是一个各国共同参与的多元化复杂贸易体，世界贸易要想获得更大的发展空间与更高的自由度，推进贸易一体化的广度与深度，就成为当今一个新的发展潮流，也是一种发展新趋势，其核心是逐步打破贸易格局的壁垒，逐渐步入一个“去中心化+扁平化”的发展新格局。

“去中心化”模式是多元化经济发展的新主流趋势。如何推进这个贸易模式的发展，数字货币已经“呼之欲出”。我们已在前文数字货币的应用需具备的诸多社会配套环境中充分探讨了数字货币的设计理念，那就是“去中心化”，打破某一“垄断货币”的主导地位。用新的数字货币去颠覆“货币战争”的负面作用。

数字货币一创造出来，其实就是一种天然的世界货币，它替代了世界各国政府主导的传统货币，替代了实物黄金的现实流通，具有最强大的货币支付职能的发展空间。它“去中心化”的世界货币职能，不受任何国家纸币波动的影响，也不受任何一种政府主导货币的管控。它具有全球化的流通职能，在未来世界货币的发展中，具有不可替代的作用。

我们知道，互联网是一个“去中心化”的交易平台，它与“去中心化”的数字货币相融合，将构建“一网一币”的世界贸易新格局。这种贸易新格局，将会最大限度地发挥在全球购物平台上的最大作用。

近年来，美联储、英国央行、荷兰央行关于数字货币的研究都在表明他们对于数字货币的研究是为了解决货币发行的需求。

从区块链的“核心竞争优势”，可以探究区块链对世界金融行业的影

响：一是区块链能够有效降低金融行业的运行成本，使现有的中心化金融系统布局方式产生深刻变化；二是区块链能够促进新型商业模式的发展，加速传统金融经营模式的转型；三是区块链能够降低信用风险，提升银行业对信用风险的跟踪分析的真实性、全面性，防范“互联网+金融风险”；四是区块链是实现共享金融的有力工具，为自金融的产生奠定技术基础；五是区块链技术能拓宽创新路径，促进更多金融生态新产品的开发，提升监管行业的同步化、透明化。

所以，区块链技术逐步颠覆金融的基础技术，推动新产品的研发，最终改变整个金融生态链。具体表现在以下几个方面。一是金融基础设施主要包括核心金融基础设施和附属金融基础设施。核心金融即金融市场基础设施，包括支付系统、央行存款系统、证券登记系统等；附属金融基础设施是一个广义的概念，主要包括信用体系、法律会计体系、反洗钱信息等。二是对于金融业务，可以选取某个金融产品作为突破点，一旦区块链产生可持续的效益，将对其他金融产品产生强大的示范效应。三是金融生态链的演变是区块链在金融领域应用的最终形态，自金融模式和全新信用体系将成为最终模式。

中央银行发行数字货币，有降低流通成本、降低传统纸币发行成本的因素，但其运行的模式必须由中央银行来决定，要基于央行和商业银行的两元运作模式进行发行。安全性在技术上必须要做到保证不可复制性、防伪性。

爱尔兰银行是一个全球主流的金融机构，和德勤会计师事务所一起验证了区块链的模型，这是全球首例主流金融机构和会计师事务所一起研发区块链使用模型。爱尔兰银行要对它的客户在海外所有的投资行为进行跟踪，也是为了符合欧洲的新监管规定。

厄瓜多尔政府推出了自己的数字货币。2015 年 5 月，厄瓜多尔中央银行出台编号为 064-2015-M 的决议，宣布新的国有数字货币将在 360 天内正式上线。该决议规定，所有公共及私立机构必须和合作性的金融机构一起参与构建该数字货币系统。金融机构必须为“现有的全部服务和将来可能提供的服务”提供电子清偿选项。因此，每家银行都要在国有的电子货币系统下开立账户。厄瓜多尔的官方货币是美元，因此，数字货币将与美元等价，并且可以自由兑换成美元。该决议显示，数字货币系统的目标是提高支付系统的效率，促进国家的经济稳定性。

以前，厄瓜多尔政府每年要至少花费300万美元来保证货币正常流通，这是非常昂贵的。新的国有数字货币上线后，不但减少了盗窃及逃税现象，运营成本相比私有公司要低，而且减少了流通中的纸币美元，为厄瓜多尔政府节约了开支。现在，人们可以在银行把自己的现金转化成数字货币，并存在手机里，之后便可以使用数字货币进行转账和消费。比如，在厄瓜多尔的首都基多乘坐出租车，就可以使用这种付款方式。可以预见，在未来，会有越来越多的国家推出官方的数字货币。

（二）从全球个人贸易网购商务平台起航

随着数字货币在世界各国的接受度越来越高，随之而来的就是数字货币的应用问题。数字货币的应用领域十分广泛，若要同时应用到这些领域几乎是不可能的，必然是先从一些行业进行重点突击，在经验得到积累、技术得到完善之后，再向更多的领域推广。

未来的数字货币在全世界范围内的应用，将从全球个人贸易网购商务平台开始。在这一平台中，全世界的人们可以使用同一种货币——数字货币进行交易，既可以解决跨境贸易中结算不便这一问题，又可以在引入区块链技术后解决交易条约存在风险这一问题，因此，可以使人们在这一平台购物的安全性得到有效保证。综合来看，数字货币率先应用到全球网购平台有以下几个优势。

（1）从技术层面上看难度低。从技术上说，从网购平台开始推广数字货币，可以在全世界流通的数字货币的难度是最低的。目前来看，如果想在各国的实体经济中推行一种在全世界范围内通用的数字货币，可以说难度非常大，且不论各国之间达成共识的可能性有多高，单是考虑到主权等许多国家高度的问题，就会使这一计划不会轻易达成。

因此，数字货币在全世界的推广，应该从技术上较易达成的领域进行试点。现在，已经有许多规模比较大的网购平台支持使用比特币等数字货币，因此，数字货币在网购平台的技术应用上已经不是问题，可以作为全球数字货币推广的第一站。

（2）增大平台范围。在全球网购平台推行数字货币更易被人接受。数字货币作为一种全新的事物，自其出现不过数年时间。其虚拟的存在

形态，使得人们对其大都采取避而远之的谨慎态度。因此，若要在全球范围内推行数字货币下的应用就显得十分困难，普通实体行业的运行模式已经固化，贸然引入数字货币的效果必然不佳。与之相比，网购平台是互联网时代的产物，活跃在互联网上的年青一代比较容易接受互联网上的新兴事物。因此，数字货币下的全球网购平台较实体行业有一定的潜在用户，拥有较好的发展环境和可塑空间。

（3）结合互联网共同发展。数字货币与互联网的结合具有巨大的发展潜力。数字货币最早诞生于互联网中，因此，在互联网中运用，可以使其获得更广阔的发展空间，让数字货币从其最适应、最熟悉的环境开始发展，从而为以后在全世界的推广打下坚实的环境基础和技术基础。

（三）数字货币环境下的大数据时代来临

从国际上看，2008 年基于区块链的第一个应用诞生以来，这项基于网络协议的底层技术就被越来越多的金融机构关注。国际货币基金组织（IMF）在其首份数字货币报告中明确指出："它具有改变金融的潜力。"英国政府在其发行的《分布式账本技术：超越区块链》中明确指出，分布式账本将首先应用于传统金融行业，并且英国中央银行已经在考虑发行数字货币。欧洲证券及市场管理局（ESMA）提出了"区块链使整个金融行业产生巨大而深刻的变化"的观点。

从国内来看，一些大型企业成立了专门的区块链实验室，致力于区块链技术的研究和该技术在中国金融、公证等领域的推广。国家主管部门早在 2014 年就成立了专门的区块链研究团队，并在 2016 年 1 月 20 日召开基于区块链的数字货币研讨会，指出了发行数字货币对降低传统纸币发行量，减少洗钱、逃漏税等违法行为，以及提升对货币供给和货币流通的控制力，更好地支持经济和社会发展，助力普惠金融的全面实现，完善支付体系，推动经济提质增效升级等方面的重要意义，可见，国内金融高层对区块链这一技术在金融领域应用的重视。

区块链技术的发展与应用，如同微软操作系统一样，经历了一个从操作不便利到便利的发展过程，从少数人使用到高度普及，一直到世界上几乎每一个人都拥有一台个人电脑，或一台便携式笔记本。

个人电脑操作系统，经历了 20 多年的不断更新与创新发展。从一开始的DOS操作系统，操作极不方便，逐渐提升到Windows操作系统，操作越来越便捷。如果DOS操作系统为汽车的“手动挡”，那么，Windows操作系统就是汽车的“自动挡”，操作系统经历了一个不断提升与完善的发展过程。

区块链技术改变了人们的思维模式，是一种开放的、透明的、自助的、高度民主的商业模式之上的分布式记账规则，可以极大地提升交易过程的可靠性，适应未来的发展。因此，数字货币与其说是一次“货币革命”，不如说是一种“交易与结算”链接的新飞跃。

科技可以改变人类生活的一切，可以使一切变得更为简单与便利，而“去中心化”的思维模式将是未来发展的主流，也使人类几千年的商业集中式模式受到根本性的颠覆，让每个交易参与者均可参与数据库记录。

分布式记账，替代了过去建立在“集中式系统”的交易模式与结算模式，受到最根本的替代。交易的中间环节将极大地“被压缩”，或“被删除”。最终，社会的中间环节，将越来越少，“一站式”交易活动得到丰富多样的发展。“去产能、去库存、去杠杆、降成本、补短板”会在更广阔的领域，释放原有的过剩资源，实现商业信息与流通的“一站式”交易、点对点式的结算，使原有的贸易形势与交易成本和效率，变得更安全、简洁，信息更透明、公平。

在这个新环境与生态系统中，信息产业将获得更大的发展空间。大数据就是资源，大数据时代的基础将得到重新构建，各种以商业银行为中心的结算集中系统篱笆“被拆掉”，整个结算的“去中心化+扁平化”新模式，将快速构建与运营。社会活动将变得简单，信息的真实性、完整性、及时性将回归本来面目，虚体经济的“云雾”或“雾霾”将得到根本的清理与净化。社会交易的“中介环节”机构，将不断减少金融机构的运行模式从派生存款中得到最真实的回归，一切监管将变得更加透明，这就是这场持续发展的数字货币引发的新变革，这场变革将颠覆现有的支付模式。在未来，数字货币可以将一切复杂的商业交易，变得“安全与便利”，重新回到实体经济的发展轨道，回到原生态的、充分的、快捷的商业交易模式中。

第四章 “互联网 +”背景下典型产业的数字化转型

第一节 “互联网 +”背景下农业产业的数字化转型

一、我国数字农业的发展现状

数字农业的目的是发展现代农业和提高农业发展效益，解决现有农业生产中存在的各种供求矛盾。具体来说，数字农业是利用现代计算机技术和互联网手段与平台，定量数字化模拟、加工与决策，使得农作物生长与产供销全过程智能化、数字化和信息化。显然，数字农业是我国农业未来发展的主要方向，也是实现农业现代化的重要举措。为支持数字农业概念落地，我国先后在多个现代农业政策中提及数字农业的推广。《“十四五”推进农业农村现代化规划》提出，构建和推广应用农业农村大数据体系，推动物联网、大数据、人工智能、区块链等省一代信息技术与农业生产经营深度融合。与此同时，随着物联网技术的日趋成熟，以及远程监控、无线传感器监测等的不断发展，智慧农业的建设步伐将加快，使农业生产更加快捷、有效。

目前，数字农业在农业领域的应用主要集中在食品溯源、生产环境监测和农业精细化管理等方面。自 2011 年起，农业部结合国家物联网应用示范工程，在北京、黑龙江、江苏开展了农业物联网应用示范，在天津、上海、安徽组织了农业物联网区域试验。物联网技术在农业领域的应用已经取得明显成效，涌现出一批比较成熟的软硬件产品和应用模式，试验示范出先进适用的传感器设备、配套的应用软件、成熟的技术应用模式、可行的市场化解决方案，为粮食增产、农业增效、农民增收以及解放和发展农村生产力、促进农业可持续发展发挥了先导示范作用。

在大田种植方面，通过综合运用3S技术、智能化农机装备、作物生产管理专家决策系统等，实现了生产管理的定量化、精确化，亩均减少农药、化肥施用量10%以上，单产提高5%～10%；在设施园艺方面，通过对光、热、水、气、肥等环境因子的实时监控，创造植物生长的最佳环境，设施温室和大棚的产量和效益平均提高10%以上；在畜禽养殖方面，运用自动调控畜舍环境和智能化变量饲养技术，实现养殖环境因子远程调控和预警预报，平均减少劳动用工30%以上，养殖和疫病防控水平显著提高。以生猪养殖为例，农业监测、控制智能管理平台提高单位时间产出率8%，降低生猪病患率以及病体传播率50%；在水产养殖方面，推广应用以调控水体溶解氧为主要目标的智能控制系统，实现了养殖环境自动调控和水体环境闭环控制，水产品的产量和质量都明显提高，节本增效10%以上，同时，水体环境污染得到有效控制。

数字农业能够有效提高农业园内部的管理效率，加强农业生产、加工、运输到销售等全流程数据共享与透明管理，实现农产品全流程可追溯，对于加强农产品品牌建设、增加农产品附加值、保证农产品质量安全具有重要意义。但同时，物联网在农业领域的应用也受到基础投入不足、关键技术有待突破以及农业用智能软件严重滞后等限制因素的影响。

二、我国数字农业的典型案例

（一）“互联网＋农业”大数据应用公共服务平台

福建新某网科技有限公司（以下简称“新某网”）成立于2001年，经营范围涉及计算机的软硬件开发及系统集成，电子产品、互联网技术的开发，主要致力于为行业用户提供“互联网＋”整体解决方案和服务。

2016年，新某网为A市建设的“互联网+农业”大数据应用公共服务平台，以A市现有农业信息化系统为基础，通过农业信息集中整合、分类存储进行数据挖掘、分析工作，构建农业大数据中心，并对数据资源进行常态化管理与维护，为A市农业生产、经营、管理、舆论导向等提供了有效的数据支撑。“互联网+农业”大数据应用公共服务平台主要采用面向对象分析和设计的多层体系结构设计方式。系统所有的业务功能全部采用组件技术进行开发，能够随时在线更新组件，具有良好的可扩展性。系统的多层分布式应用可划分成五层：Web层（用户层）、业务层（服务层）、应用支撑层、信息资源层和基础层。A市“互联网+农业”大数据公共服务平台的建设与应用，可以实现A市农业产业信息、全市农业产业质量安全信息的及时汇总，支持A市农业产业安全相关事件的应急事件和快速处置，实现对农业各生产流通节点的监控管理和提供针对农业产业的综合信息服务，进而构建上下贯通、协调运作、功能互补的农业产业信息化主线。

（二）以大数据技术为支撑的智慧农业信息综合服务平台

新疆劳某农业科技有限公司（以下简称“劳某农业”）成立于2014年，是一家互联网农业服务公司。劳某农业2016年推出的智慧农业信息综合服务平台，采用“线上互联网平台+线下连锁智能门店网点”的O2O销售模式，以IT农业信息服务和金融服务为特点，以线下覆盖网络为支撑，利用“微利经营策略”和“现代金融工具”两大优势，快速整合线下农资流通和农产品流通，通过盘活流量来提升获利能力，再反补大数据研发、平台建设和农业链建设，最终实现线上与线下的优势互补。平台的服务对象以种植户和线下实体零售店为主，同时结合自身农业管理种植优势，针对性地对大型农业公司和现代农业合作社展开有偿技术服务。平台的大数据建设项目技术创新包括智能门店管理服务平台、手机App农业信息应用系统，后期计划研发农业信息数据库、信息化农产品追溯技术、智能化农业信息发送技术等。该平台，还可以为实体经销商搭建一个有序的实体与网络相互呼应的行业集群，即商户联盟体系，建立一个相比农资市场更公正透明的市场环节，从而避免无序竞争和良莠不齐而导致不必要的损失。同时，信息化的管理可降低实体店铺的管理投入和运营成本，为实体店铺提供最为优化的进货量议、储存建议、产品运输建议、农户潜在购买力、市场数据等。在本平台的订单式融资，还可以引导更多的金融资本进入农业产业链，帮助实体经营者实现资金流的畅通，从而有效地保证了行业的有序发展。此外，农业生产者可以通过平台了解农资价格和农产品销售价格，避免价格波动带来的损失；为农业生产者提供种植建议和种植方法辅导等服务，有利于减少化肥、农药的过量使用，保证食品安全，减少环境污染。农业生产者既可通过农业信息的互动对接消费者，也可选择公司为其提供购销洽谈服务，协助其与收购企业进行对接，实现农超对接，逐步实现“订单式”生产。通过降低农业投入品的支出成本，配套全程跟踪各种先进的技术服务，使农业生产者在投入降低的同时，产量增加，从而提高收益。

（三）智慧畜牧业电商大数据平台

某云科技（杭州）有限公司成立于2012年，是一家专注于云计算和大数据行业的高科技企业，主要致力于为用户提供云服务运营和行业解决方案。该公司2016年推出的智慧畜牧业电商大数据平台是在已有城云大数据平台的基础上，以“互联网+农业”为理念开发出的新型电商平台。该平台在底层数据存储中采用HDFS与城云自有云存储系统混合存储技术，解决了HDFS海量小文件存储的内存过度消耗问题；采用Hadoop与传统关系型数据库并存的技术，解决了Hadoop在进行数据分析时不灵活、效率不高的问题，实现了批数据处理的高灵活度和高效率。智慧畜牧业电商大数据平台在加速畜牧业乃至农业信息传播和共享、丰富畜牧业农产品营销渠道、降低流通成本、保障农产品安全等方面起到了应用示范作用。平台的建立有利于推动传统畜牧业向信息化畜牧业的产业升级。该项目已与某知名乳业集团建立战略合作关系，由城云为该乳业建立大数据平台，智慧畜牧业电商大数据平台已经为一百多万头奶牛提供服务，占全国市场份额的10%以上，为两千多家畜牧业供应商提供运营和大数据服务，为1万多名用户提供在线交易、牧场管理咨询、供应链金融等服务。

三、数字化对农业转型发展的作用分析

（一）传统农业存在的问题

传统农业是在自然经济条件下，采用人力、畜力、手工工具、铁器等为主的手工劳动方式，靠世代积累下来的传统经验发展，以自给自足的自然经济居主导地位的农业。它是采用历史上沿袭下来的耕作方法和生产技术的产业。传统农业具有低能耗、低污染等特征，在当今时代依然发挥着重要作用。

其主要缺点有以下几个方面：①精耕细作，农业部门结构较单一，生产规模较小；②经营管理和生产技术仍较落后，抵御自然灾害能力差，受气候和天气影响非常大，“靠天吃饭”是最好的诠释；③农业生态系统功效低，商品经济较薄弱，基本上没有形成生产地域分工。

（二）数字化在我国农业转型发展中的作用

数字农业的发展，一方面得益于物联网等新信息技术的日渐成熟，另一方面，也是现代农业发展的需要。农业生产正进入机械化主导的阶段，数字农业是当今世界现代化农业发展的方向，以信息技术为核心，根据空间变异，定位、定时、定量地实施一整套现代化农事操作技术与管理的系统，其根本是根据作物生长的土壤性状，调节对作物的投入。物联网与精细农机的结合，对农场特别是较大规模的现代化农场的经济效益和管理水平都有很大提高。

数字农业的应用价值有：①建立无线网络监测平台，对农产品的生长过程进行全面监管和精准调控；②开发基于物联网感应的农业灌溉控制系统，达到节水、节能、高效的目的；③构建智能农业大棚物联网信息系统，实现农业从生产到质检和运输的标准化和网络化管理。

另外，数字农业能便于客户迅速、稳定、低成本地部署业务，为其提供“一揽子”解决方案。

总而言之，数字农业理念的出现给农业发展带来了新的机遇，让农业生产由靠“天”收向靠“智”收转变，让传统农业由结构调整到实现转型升级，推进农业供给侧结构性改革，大力推进规模化经营、标准化生产、品牌化营销，向农业的深层次、多层次进军。以数字化、智能化、信息化为主要内容的数字农业兴起，有利于形成大批高效、生态、安全型技术和技术产品。

（三）数字农业目前存在的主要问题

尽管数字农业前景一片广阔，但由于起步较晚，因此，整体上仍处于初级阶段，存在种种问题。现阶段，数字农业主要面临以下5个主要问题。

（1）农业通信设施严重缺乏。现代计算机技术的应用，必须有基本的通信设施，而我国农村地区通信设施建设严重滞后，导致农业数字化水平较低，农业信息的时效性、准确性有限。

（2）缺乏统一的物联网技术标准。物联网技术标准的缺失，同样制约着数字农业的进一步成熟，从而造成无法满足农业标准化生产对资源的需求，以及科研工作对农业信息进行全面、广泛获取的需求的情况。

（3）农业使用者素质有待提高。我国农业从业人员素质相对较低，应用和接受现代计算机技术能力较弱，不利于数字农业的推广与普及。

（4）现代农业信息推广应用不足。我国大部分地区的农业种植集约化程度不高，规模化农业生产力度不够，其主要原因便是现代农业信息推广应用不足。

（5）新技术推广不利。数字农业技术从实验室到田地间面临着重重阻碍，未来在推广上还需加大力度。

第二节 “互联网+”背景下工业产业的数字化转型

一、我国数字工业的发展现状

目前，中国的经济已经开始步入中高速增长的新常态，但中国的制造业处于大而不强的旧格局。在此背景下，国务院于2015年5月发布了《中国制造2025》来指引我国的经济转型发展。

工业物联网是数字工业的一个典型应用。我国物联网发展已经初步

具备了一定的技术、产业和应用基础，呈现出良好的发展态势。工业和信息化部数据显示，2014 年，我国整个物联网的销售收入达到 6000 亿元以上。近几年，我国物联网产业发展的复合增长率达到了 30% 以上，充分体现了其强劲的发展势头。

随着整个物联网生态环境的成熟，工业物联网的应用需求开始逐渐强烈。例如，生产、仓储、物流的高效需求；实时生产数据和设备数据的监控需求；更加准确的生产跟踪需求；智能预测和预警需求；等等。我国工业物联网的发展也由过去的政府主导逐渐向应用需求转变。

工业物联网的生态链主要包括五个部分：感知层、传输层、硬件设备、平台层和云平台。感知层主要是由各种传感器组成的感知单元，用来采集数据；硬件设备主要是由工业机器人、智能机床、3D 打印设备等组成的执行单元，即生产工厂里具体生产环节的硬件设备；平台层是由软件系统和硬件系统组成的控制单元，用来发出指令。软件系统有企业管理软件、生产管理软件等，硬件系统有测量分析系统、运行管理系统等由具体硬件组成的系统；云平台包括公有云、私有云和混合云，配合云计算和大数据，用来处理分析感知单元采集到的各种数据。云平台和平台层相辅相成，密不可分；传输层负责传输数据。

就我国工业物联网的发展现状而言，其实“中国制造 2025”与德国的“工业 4.0”并不一样。德国“工业 4.0”是在其技术条件、创新研发以及企业自动化程度都非常高的水平上所制定的智能化、网络化的工业生产和服务模式。而我国企业目前多处于工业 2.0 与工业 3.0 的边缘，成本控制、生产效率和流程管理等方面水平均较低，需要提升的空间还很大。我国企业发展水平与发达国家相比还有很大差距，我们既要解决最基础的设计制造能力问题，又要解决智能化的问题。我国的绝大多数企业还需要从一些基础设施的升级做起。

目前，我国企业主要面临生产成本上升、研发投入不足和生产组织方式较为传统三个问题。

那么，具体怎么实现“工业 4.0”呢？就我国的制造企业而言，要通过生产线的改造和 IT 设备的升级改造来使企业自身互联网化。其中第一步，就是实现硬件智能化。硬件智能化对制造企业来说极为重要，因为生产和业务流程的智能化，也就是人们常说的企业的自动化程度，是企业实现互联网化的前提，需要通过生产线改造来实现生产的智能化，通过 IT 设备升级改造来实现业务流程的智能化。这也是我国制造业发展的首要目标之一。

二、我国数字工业的典型案例

（一）海尔集团大规模个性化定制

早在物联网时代探索的初期，海尔便在 5G、大数据、人工智能、工业互联网等“新基建”领域进行了事先储备。其中，基于“5G+ 工业互联网 + 大数据”形成了卡奥斯平台，通过“AIoT+ 人工智能 + 大数据”形成了海尔智家定制平台，整合“5G+ 人工智能 + 大数据”形成了海纳云平台。

依托在工业互联网领域的深度耕耘，海尔卡奥斯已经在全球 25 个工业园、122 个制造中心和 15 个互联工厂落地实践，先后主导和参与了 31 项国家标准、6 项国际标准的制定，让中国工业互联网的大规模定制模式实现了世界范围的引领。

作为全球首家引入用户全流程参与体验的工业互联网平台，卡奥斯主导了三大国际标准组织 ISO、IEEE、IEC 关于大规模定制方面的全球标准制定。2019 年，海尔卡奥斯平台被我国工业和信息化部认定为跨行业、跨领域的工业互联网十大“双跨”平台之首。在美国知名咨询机构 Forrester 的评选中，卡奥斯居工业互联网领导力第一象限。

卡奥斯工业互联网平台不仅为内部注入强大活力，同样也在跨行业、跨领域中实现生态赋能。目前，卡奥斯已经赋能建陶、房车、农业等 15 个行业，覆盖全国 7 大中心 12 个区域，在 20 个国家复制推广，在全球工业互联网平台中居于引领地位。

不仅赋能企业开工，卡奥斯通过生态资源汇聚优势，在企业复工转产的过程中，也让企业深刻感知到了工业互联网的“神奇”力量。可以看到，卡奥斯并非只是应用于智能制造升级的内部服务平台，更是具备跨行业、跨领域复制的开放赋能平台，正是基于模式的“双跨”输出，使得海尔在“新基建”风口到来时，能够从容布局，游刃有余。

对于“新基建”，海尔集团认为，它绝不是对传统基建的重复，而是

通过平台和系统的创新，创建新的生态。海尔打造了海尔智家、卡奥斯、海纳云、盈康一生和海创汇五大平台，以此新的发展蓝图。

“新基建”对原有基础设施升级和新领域开辟都是一个契机，提早布局的海尔如今也在全力以赴，做好“引路者”和“赋能者”：不仅在物联网生态品牌中实现持续引领而且通过“再造新海尔”，提升青岛制造业能级，助力青岛打造世界级工业互联网高地。

（二）商飞公司全球协同网络设计平台

中国商飞公司搭建全球协同网络环境平台，实现了产品的设计、研发、制造全流程的全球协同管理。商飞公司负责飞机的总体设计和装配，零部件设计、制造等工作则外包给全球各地的零部件供应商来完成。在飞机总体装配过程中，商飞公司利用计算机模型进行总体结构的虚拟装配，利用部件生产数据进行部件组装和校验；部件组装完成后，各机体在商飞总装工厂完成最后的大部件对接和总装。利用全球协同研制平台，商飞公司实现了跨企业的统一构型和统一数据管理，以及统一协同工作流程，有效消除了信息不一致导致的问题，使研制周期缩短20%，制造周期缩短30%，制造成本降低20%，能源消耗减少10%，制造质量问题发生率降低25%。2016年底研制成功的商飞C919飞机，涉及研发成员企业包括设计与主制造商、10家机体结构、24家机载设备、16家材料供应商和54家标准件等供应商，另有200多家企业参与了项目的研制过程。2016年，商飞公司对C919大型客机进行了多项地面试验，首架C919飞机于2016年12月交付试飞中心。

（三）中科院与SAP合作开发“工业4.0”联合解决方案

2016年，中科院沈阳自动化研究所与SAP共同研制出“工业4.0”联合解决方案，并基于该解决方案共同搭建了“工业4.0”智能制造示范产线，助力未来智能工厂定制化生产。该解决方案将沈阳自动化研究所WIA–FA工业无线网络通信技术、SAP的HANA云服务平台和设备预防维护软件，以及新松机器人公司研发的工业机器人相互整合，通过工业无线网感知机器人的状态，并通过云服务平台对机器人的状态数据进行分析，最终实现了设备的预防性维护和生产系统结构的模块化，大幅提高了生产效率，降低了运行故障率。其中，SAP提供的HANA内存计算平台、云计算以及大数据等技术，可以帮助工厂实现从ERP管理层到车间执行层的无缝集成。新松机器人公司研发的工业机器人利用射频识别技术，可以与SAP的MES系统中订单对应的产品与工艺要求进行实时信息交互，实现同一生产线上多种个性化产品的混线生产。沈阳自动化研究所自主研发的WIA-FA工业无线网络通信技术，可以实现对设备状态、生产等信息的无线采集，并可以将数据快速传递到SAP的HANA平台，进行设备的诊断和生命周期预测，从而有效减少设备停机时间。此外，该解决方案通过引入沈阳自动化研究所自主研发的软件定义生产系统以及面向动态生产过程的可重构工业控制网络等前沿技术，实现了生产系统结构模块化，整个生产系统可以根据当前的设备状态和订单需求进行实时调整和动态优化，大幅提升了生产系统的智能化和灵活性。

（四）青岛红领大规模个性化定制

青岛红领集团全面顺应“互联网+”的趋势，充分围绕客户需求，利用大数据、物联网等信息技术，建立大规模个性定制新模式，快速响应全球消费者的多元化需求。红领集团的制造模式主要有以下四个特点：一是运用大数据技术满足客户差异化需求。红领集团在多年的生产过程中，积累了海量的版型、款式、工艺等方面的数据，客户可以利用红领集团的版型数据库进行自由搭配组合。二是运用物联网技术实时传递生产信息，实现生产与管理的集成。红领集团实现了服装设计、下单、定制的全部数字化。红领集团生产的每件定制产品都有专属芯片，各工序员根据芯片指令完成制作，芯片精准地将个性化定制工艺参数和要求传递给工位上的电脑，确保定制产品高质、高效地完成。同时，生产管理部门可实现对每道工序、每个环节在线实时监控。三是以生产流程的模块化、标准化布局，实现个性产品规模化生产。红领集团的RCMTM平台先通过将客户在定制平台上填写的数据与数据库中存储的模型进行对比，实现个性化数据的标准化。然后，按照标准化数据将订单分拆成若干模块，并自动分配给生产线上的工人进行后期制作。上述模式能够在所有细节上既实现个性化定制，又做到规模化生产。四是客户需求数据驱动

柔性定制模式。红领集团的 C2M 平台，可实现制造体系与用户需求数据的无缝对接，于是，制造环节能够根据用户的个性化需求快速调整生产要素和柔性布局。红领集团的大规模个性化定制模式颠覆了服装行业的经营传统，大幅提升了企业经济效益，使设计成本下降 40%，生产成本下降 30%，原材料库存量降低 60%，生产周期缩短 40%，产品储备周期缩短 30%。2016 年，红领集团开始输出以客户需求源点驱动公司价值链协同的解决方案。截至 2016 年 6 月，青岛红领集团共与 38 家企业签订了解决方案引进协议，帮助传统企业实现互联网时代的升级改造。

三、数字化对工业转型发展的作用分析

（一）传统工业存在的问题

由于信息不一致，传统工业不能随时掌握产品库存、物流等情况，这样就不能对生产方向、生产速度进行决策；传统工业缺乏监控感知能力，从而不能帮助企业预警生产过程中的安全隐患和可能发生的安全事故，甚至会对企业生产设备等财产造成损失；因为没有技术可以为传统工业提供多角度、全方位的参考依据，企业就不能为客户提供个性化定制服务，所以传统工业会形成“凭空做计划、低头搞生产”的状态。

（二）数字工业的作用

数字工业的作用体现在生产业务协同化、生产过程智能化、产品服务网络化以及快速响应等几个方面。

1. 生产业务协同化

使用物联网技术，能够把企业中的生产业务以及物流管理和企业的上下游与社会协作单位连接起来，通过对当前生产业务以及物流管理的优化控制，实现企业和企业之间的业务协同化，整体提升工业生产的效益。例如，利用全球协同研制平台，中国商飞公司实现了跨企业的统一构型和统一数据管理以及统一协同工作流程，有效消除了信息不一致导致的问题，缩短了研制周期和制造周期，同时降低了制造成本。

2. 生产过程智能化

使用物联网技术，能够检查生产过程中设备的状态、原材料的消耗

以及产品自身的质量情况，通过生产过程的智能监测、控制、优化与决策，真正实现企业生产智能化。例如，中科院与SAP共同研制的“工业4.0”联合解决方案，通过引入沈阳自动化研究所自主研发的软件定义生产系统以及面向动态生产过程的可重构工业控制网络等前沿技术，实现了生产系统结构模块化。整个生产系统可以根据当前的设备状态和订单需求进行实时调整和动态优化，大幅提升了生产系统的智能化和灵活性。

3. 产品服务网络化

智能传感器在产品以及设备上的使用，通过物联网，实现产品与设备的远程监测与维护，不但能够减少产品与设备的维护费用，而且能够提升企业产品制造与使用的全生命周期服务的能力，是生产制造型企业朝着制造服务型企业转变的科学途径。例如，海尔集团实现大规模个性化定制，定制全流程可视化，用户通过手机等终端设备不仅可以随时随地地获取订单状态，还可以观看从采购、装配到安装的整个过程，从而实现利益相关方的共创共赢。

4. 快速响应

物联网可以方便企业在售出商品后，长期为客户提供深度服务，了解客户的感受与需求，增加了企业与客户的关系黏性。例如，青岛红领集团已经建立了大规模个性定制新模式，客户可以利用红领的版型数据库进行自由搭配组合。同时，通过红领的C2M平台，可实现制造体系与用户需求数据的无缝对接。这样，制造环节就能够根据用户的个性化需求，快速调整生产要素和柔性布局。

第三节　“互联网＋”背景下交通产业的数字化转型

一、数字经济在我国交通和物流领域的发展现状

随着网络技术的发展，数字交通已经可以有效地利用现有交通设施，减少交通负荷和环境污染，保证交通安全，提高运输效率，因而日益受到各国的重视。在中国，交通发展中存在着诸多问题，例如，基础设施短缺与其利用的低效率，道路交通设施不能适应经济发展需要，绝大部分交通设施严重超负荷运作，交通拥堵严重，导致运输效率下降，出行

时间大量浪费，加重了城市空气污染；机动车尾气排放已成为城市大气污染的主要来源等。因此，数字交通是应运而生的产物。目前，主要从公路交通信息化、城市道路交通管理服务信息化、城市公交信息化3个方面构建具有中国特色的新一代智能交通系统。

在技术层面，在一系列政策措施的积极推动下，我国数字交通的发展取得了明显成效，多项技术获得突破性进展；但仍存在一些问题，如各城市数字交通建设子系统尚无法有效协同整合，集成度较低，技术上处于分隔独立状态。

企业方面，目前国内从事数字交通行业的企业有2000多家，主要集中在道路监控、高速公路收费、地理信息和系统集成等环节，有关政策直接驱动着市场对视频、安防、监控、电子收费等设备以及各种软件开发和系统集成等方面的需求。

当前，通过物联网等新信息技术在交通领域的应用，能够在现有路况下，对人、路、车进行有效监控，实现道路利用效率最大化，在一定程度上能够有效缓解当前交通拥堵、尾气排放、空气污染等问题。目前，数字交通的应用仍存在一定问题，主要集中于产业链仍有待扶持和整合、标准化程度不高、关键核心技术仍由国外把控等方面。

二、数字经济在交通领域的典型案例

（一）车辆动态管理

车辆动态管理系统主要由管理中心、无线网关以及车载终端TM三部分组网构成。车载终端由无线星型网终端TM构成，无线网关由无线星型网关GW构成，管理中心由电脑服务器、通信接口设备等构成。管理中心电脑与无线网关电脑通过LAN网或其他网络，如互联网、GPRS、WiK以及AD-SL等相互连接。网关GW与终端TM之间通过UHF射频信道相互连接。通过先进的信息技术、通信技术、控制技术、传感技术、计算器技术和系统综合技术的有效集成和应用，人、车、路之间的相互作用关系以新的方式呈现，从而实现实时、准确、高效、安全、节能的目标。

车辆动态管理系统的应用，可以显著提高道路效率，使交通堵塞减少约60%，短途运输效率提高近70%，现有道路网的通行能力提高2～3

倍。车辆在数字交通体系内行驶，停车次数可以减少 30%，行车时间减少 13% ～ 45%，使用效率能够提高 50% 以上。

此外，车辆动态管理技术降低了汽车能耗。中国的石油消耗量仅次于美国，居全球第二，石油进口依存度达 56%，交通运输业的汽车耗油占石油消费的 40%。通过车辆动态管理技术，平均车速的提高可以带来燃料消耗量的减少和排出废气量的减少，汽车油耗也可由此降低 15%。

车辆动态管理技术还可减少交通事故。国内每年仅交通事故一项造成的伤亡人数就达 50 多万，死亡人数 10 多万。车辆动态管理技术将大大地提高交通道路管理水平，有效减少交通事故的发生，可使车辆安全事故率比现在降低 20%，每年因交通事故造成的死亡人数下降 30% ～ 70%。

1. 基于物联网的交通服务平台

为了提升交通运输系统的运行效率，提高政府交通运输部门的管理水平和服务能力，为社会公众提供便捷、高效、畅达、安全、环保的交通运输服务和信息服务，某公司借助物联网技术，开发了基于物联网的数字交通服务平台。

该系统整体架构包括信息获取、信息传输、信息存储、信息处理和信息应用，共五层。其中，信息获取层主要研发智能车辆的检测终端，通过磁场、超声等传感器检测车辆的占位、速度等信息；信息传输层主要研发实现智能车辆检测终端互联的物联网及其与电信 3G 网的集成，实现检测信息的低成本运行；信息存储层主要研发用于海量车辆检测信息存储的实时数据库和面向数据高效存取的中间件；信息处理层主要研发用于交通信号灯控制、行车路径规划与预测控制引擎；信息应用层主要研发交通管理、交通信息发布、行车导航等数字交通服务。

2. 高清汽车牌照自动识别与车辆定位系统

为了实现车辆定位及跟踪、违章自动分析、道路交通状况自动分析及智能引导，以减少车辆拥堵，借助物联网技术，某公司开发了高清汽车牌照自动识别与车辆定位系统。

该系统以高清 SONY 公司 CCD 作为成像单元，以美国 TI 公司 DSP 芯片组作为中央处理器单元，采用 Linux 操作系统，研制并产业化地开发将摄像机、微处理器、存储器、数字 A/D、智能视觉嵌入式软件等集成

于一体的高集成度和清晰度的物联网智能视觉传感器，传感器内置聚德公司自主研发的识别率高且性能优异的嵌入式汽车牌照自动识别系统软件，通过对汽车牌照的自动识别，实现车辆定位及跟踪、违章自动分析、道路交通状况自动分析及智能引导。

现场录制大量汽车通过指定区域的视频图像（春夏秋冬、全天候、昼夜 24 小时的各种车辆、各种牌照、各种速度的汽车前部图像），对已有汽车牌照自动识别算法进行改进与提高，通过全面利用彩色信息改善车牌搜索、分割、识别算法，增加大量的新算法（如小波变换、BP 神经网络等），提高牌照搜索、分割、识别的准确率，改进程序软件，增加软件鲁棒性，加入软件死机自动侦测，增加系统适用性，使系统能在风、霜、雪、雨、雾等现实环境影响下对汽车前部视频成像后的图像进行有利于搜索、分割、识别的图像预处理，能在复杂背景下从环境、路面、汽车的图像中快速、准确地分割出汽车牌照，能在干扰严重的图像环境中进行牌照字符的精确分割，能在特征失真的图像中准确识别数字、英文、汉字。

该公司已开发出标清闯红灯抓拍系统。此系统利用先进的光电技术采集路口的实时图像，对闯红灯车辆采用视频识别的方式，检测出车辆的闯红灯行为；高清检测的卡口抓拍系统。系统不需要外部触发源，完全利用摄像机采集的图像来分析车辆运动的轨迹和位置，完成卡口系统的各项功能；利用视频、雷达技术实现移动设备抓拍卡口和超速车辆的功能。为了方便高速路口收费人员统计、查询车辆的识别情况，将原有的标清 30 万像素设备进行了升级，开发出 130 万像素、200 万像素车辆号牌识别一体机，大大提高了车辆号牌的识别准确率，也为用户提供了更加丰富的图像信息。

3. 上海市交通综合信息平台

上海市交通综合信息平台通过自建的万兆双环自愈以太环网，实现了市政、交警、城交、铁路、机场、浦东新区等部门和区县，在同一数据接口、通信规范下的互联互通。2008 年，平台一期建成，在全国首次实现了全市道路交通、公共交通和对外交通领域的车流、客流信息在同一平台的实时汇聚、在线共享。为了应对 2010 年上海世界博览会超大客流的交通组织，上海市交通综合信息平台进行了升级，进一步扩大了数据覆盖范围、数据内容和应用深度，并将应用延伸至世博交通指挥部、世博安保部以及世博运行部等核心机构。世博会期间，上海市交通综合信息平台成为各指挥系统网络路由的核心、数据交换的根据和协调指挥的依据，在世博交通保障中发挥了不可替代的作用。

上海市交通综合信息平台汇聚了全市路政、交警、港航等 6 家市级交通管理部门；机场、铁路、码头、出租、地铁等 10 家交通运营企业的道路交通、公共交通、对外交通各类交通信息数据共 240 余项，构建了从感知层、传输层到应用层较为完整的物联网体系架构。其中，感知层数据来自 2.2 万组感应线圈、2.5 万辆 GPS 浮动车、334 组车牌识断面、3000 余个 SCATS 交通信号控制路口等交通数据传感设备，以及 1042 条公交线路、11 条轨道交通线路、732 个社会停车场库、2 个国际机场、3 座铁路客运站的静动态数据。

交通综合信息平台，提高了城市道路系统的管理效率。路政、公安等管理部门实现了事故及时发现、快速派单、分工处置的交通事故快速处理；多部门联合研究、制定路边交通信息可变标志布设规范和规划，实现了越江交通设施、市区道路和郊区道路交通信息的联动发布；高架道路入口控制和高架路况信息的协同；地面道路交叉口信号灯周期与交通流量的自适应；为及时调整、制定城市交通政策提供了数据和技术支撑。

当前交通综合信息平台的社会化应用水平尚且不足，下一步将以推进交通信息的社会化开发利用为主要目的，加快数字交通与车联网、移动互联网等产业链交叉融合的应用进程。

4. 物联网感知交通公共信息服务平台

为了有效缓解城市交通拥堵，改善城市交通环境，为人们出行提供便利，促进社会经济和谐、稳定、高速发展，某公司通过物联网技术，开发了物联网感知交通公共信息服务平台，逐步实现了交通出行路径引导、实时路况信息发布、车辆信息查询与发布、停车场及泊位信息发布、交通规费电子支付等功能。

该系统基于 RFID 技术，结合智能视频技术、云计算、数据交换与网络异构、海量终端管理等物联网关键技术，同时，研究应用标准、管理规范和信息共享的管理体制和运行机制。围绕“涉车、涉驾运行系统”和“涉车、涉驾运营系统”建设，为兰州市注册登记的 30 万辆机动车辆

安装车辆电子信息卡，在城区交通路网、城市出入卡口全面建设固定式信息采集基站、RFID 监管基站、移动基站，建立发卡中心、运行管控服务中心、运营管控服务平台以及相关子系统。兰州市已安装车辆电子信息卡 82866 张，架设 RFID 路面采集基站 80 套。

5. 车联网应用示范项目

为了实现智能化交通管理、智能动态信息服务和车辆智能化控制的一体化网络，某公司应用物联网技术，研发了车联网应用示范项目。

某公司依托一汽集团，构建车载信息服务平台 Drive Partner。该平台通过开发和集成业务支撑管理系统，为运营体系提供业务支持，目前已建立了主中心、分中心和子中心框架的运营体系，为全国用户提供服务。主中心建立在长春，承担管理职能；分中心根据一汽集团车辆销售情况组建东北、华北、华东、华南、西部 5 个大区，承担运营职能；子中心分散在全国各大中城市，承担支撑职能。

目前 D-Partner 平台在全国建立分中心及子中心近 270 家，服务全国 30 多个整车厂、150 多家大型物流公司及相关政府机构，用户已达 10 余万人。该平台全天候 7×24 小时为用户提供包括车辆定位与跟踪、导航服务、车队管理、信息服务（天气、物流）、物流与仓储监管、安全防盗等多项服务。

车联网服务平台在汽车导航、定位跟踪、物流管理、安全防盗等方面具有广阔的发展前景。依托一汽集团研发的车载信息服务平台，规模较大，实力较强，在国内具有较强的应用示范效应。

（二）船联网

船联网是指基于航运管理精细化、行业服务全面化、出行体验人性化的目的，以企业、船民、船舶、货物为对象，覆盖航道、船闸、桥梁、港口和码头，融合物联网核心技术，以数据为中心，实现人船互联、船货互联及船岸互联的智能航运信息综合服务网络。利用船联网技术，可以实现航道感知与监控、安全控制、环境监测与紧急救助等多种功能。船联网的主要应用示范成果如下。

1. 基于 RFID 的渔船物联网系统

该项目依托海南省海洋与渔业厅建设的渔船“身份证”（防拆卸

RFID 电子标签），在遵南 60 多个渔港安装远距离感应设备，实现在港、离港渔船数据的及时掌握，在台风天气及南海休渔季节可对渔船进行精确管理及灾难救助服务，实现渔船数据多维度统计分析，提升了渔船的行政管理水平。运用电子标签独立寻址设备实现渔船数据的即时获取，辅助海监执法和防止船舶信息伪造，实现作业船只与港口的电子监管、捕捞作业安全保障体系建设。

该系统包括渔船数据清理整合系统、渔船电子标签管理系统、造船船网工具指标管理系统、渔船检验管理系统、渔船登记管理系统、渔船捕捞许可管理系统、燃油价格补贴管理系统、渔港管理系统等。

当前，该项目已完成渔船三证管理、实船数据清理、全省 60 多个渔港感应设备安装及渔港管理系统研发，系统已投入试运行。

2. 港域航道信息监测及发布系统

为了使港口管理部门实时掌握有关海域环境的各种动态数据，指导海域交通，应对海上溢油、海难等突发事件，为公众提供现代化的导助航信息服务，某公司借助物联网技术开发了港域航道信息监测及发布系统。

该系统融合船舶自动识别系统（感知船舶）、遥测遥控系统（感知航标）、水文气象系统（感知港域环境）以及网络、通信、卫星定位、电子海图处理等技术，针对航海保障、航政管理、航海者和海洋经济参与者的需求，建立基于物联网、主要服务于海上交通的港城航道信息监测及发布系统，该系统平台具有高健壮性、高安全性、高效率、高精确度的特点。该系统不仅可以为用户提供基于地图引擎的在线实时 AIS（船舶自动识别系统）、航标、锚地、航道、泊位、地名、水深点、360 度全景点、航路全景等多种要素的定位显示与查询等服务，还可以提供海事公告、法律法规、水文气象、航标信息、航行及靠离泊方法、AIS 数据分析、用户反馈等服务，从而有效保障航海者及船舶的安全。

该系统由基于物联网的港域航道信息监测及发布系统、基于多源信息的航道基础数据库、能见度数据智能分析系统、风力数据智能分析系统、流数据智能分析系统、港口航道气象信息预测系统六个子系统组成。

该系统平台由一个主中心、若干港域分中心及客户端组成。港域分中心的作用是通过网络将港域航道监测系统、助航信息发布平台、环境及安全监测等系统的监测数据进行聚合，并与主中心进行数据同步，统

一向政府部门和社会提供公益服务。

服务平台在设计上考虑与多个港口甚至多地域和国家港口的多源数据服务融合的需要，采用基于开放、标准化技术的云服务体系，为系统的扩展提供了保障。

平台的服务体系来自各个相关监测单元的物联网信息，这些信息以服务的形式聚集融合到平台主数据中心。平台将聚合过来的信息进行智能分析、存储，可向政府相关部门、相关企事业单位、个人等提供信息检索、决策分析等公共信息服务。

三、数字化对交通、物流转型发展的作用分析

数字经济在交通方面给大众带来了更多的福利。作为国家重点支持的高科技产业，数字产业进入了高速发展时期，其日新月异的技术为城市交通改善提供了许多新的突破点。通过合理的管理控制措施来改善城市交通系统软件，能够更为有效地提升城市交通的服务水平。

数字经济在车辆动态管理方面的应用，可以显著提高道路效率；车辆动态管理技术降低了汽车能耗，减少了二氧化碳等尾气的排放，对环境保护做出了较大贡献；有效减少了交通事故的发生；开发了基于物联网的数字交通服务平台，为社会公众带来了许多日常交通的便利。

总体而言，数字经济在交通物流中的应用可以从总体上提高物流效率，降低物流成本，提高物流企业竞争力。在运输和配送环节，能够优化运输路线，提高运力利用率，缩短运输时间，监控运输过程，降低安全事故率，从而降低运输和配送成本。在库存管理中，能够进行自动出入库和盘点操作，实时准确掌握商品的库存信息，进行自动补货，减少作业时间，降低人工出错率，节省人力成本，降低库存率，提高库存管理能力，从而降低仓储总成本。

第四节　“互联网 +”背景下金融产业的数字化转型

一、我国数字金融的发展现状

金融的基本流程是在对现有资源进行重新整合后，促进经济利润与

贸易价值的等效流通。金融的本质是价值流通，凭借货币标准单位有效配置社会资源。互联网技术的诞生推动了金融化信息的发展，为金融行业带来了深刻的变革。信息化金融是综合发展与全面运用金融领域中的现代信息技术，数字化与虚拟化的货币使物品流通摆脱了对具体媒介实物的过度依赖，转而借助数字与网络来实现其价值。物联网金融促进了金融行业的无缝隙控制、流通与运作。

物理世界金融行业的数字化、网络化和信息化通过物联网金融来实现。在互联网技术的支撑下，物理世界中的实物和金融行业的价值共同推动了信息化网络的发展，这为金融网络融合实物创造了条件。所以，物联网金融是物联网业务与金融技术的完美融合。物联网金融能够联合金融、服务和商业网络，真正实现金融服务的智能化与自动化，将服务渗透到物理世界中，创造出许多商业模式，促进金融业变革。我国现已倍加重视物联网金融技术的产业研究与技术应用，致力于借助重新界定世界物联网金融的内涵、参与标准规划与框架设计，进而更好地掌握物联网金融时代的全球国际话语权，抢占新时期信息技术行业的领域制高点。物联网金融作为我国几大新兴战略产业，受到了全国各界的普遍重视，各地政府依照各地区的发展状况，分别制定出当地的物联网金融实施策略、制度和规则，充分利用物联网金融技术建设现代化城市，纷纷建立物联网金融多元化的示范项目。

二、数字化对金融业转型发展的作用分析

（一）传统金融行业存在的问题

总体而言，传统金融业存在交易成本高、信息不对称以及监管不力状态下的高风险等问题。

（1）传统金融行业交易成本高。在交易过程中，无论是谈判、搜寻，还是订立契约、合同执行，都需要花费大量的成本，金融业中更是如此。正是因为在交易过程中需要投入大量的时间与金钱，才需要专业化的金融服务。

（2）信息不对称。由于信息不对称，金融业可能产生道德风险，出现“逆向选择”，极端情形下甚至会产生“格雷欣法则”（Gresham’s

Law）所描述的劣币驱逐良币的现象，最终导致市场的恶性循环与萎缩。

（3）监管不力状态下的高风险。传统金融业的发展，可理解为是一种对于风险对冲的发展。在传统金融业的资本资产定价模型（CAPM）当中，金融资产的成本等于无风险利率加上风险溢价。可以说，风险在传统金融的发展过程中无处不在。

（二）数字金融的作用

1.有效降低交易成本

交易成本一直是金融业发展的关键性瓶颈，但是，物联网的发展可以有效地缓解此类问题。物联网将人与物、人与网、人与人之间连接起来，采用了计算机的分布式运算系统，通过云计算的方式化解了运算成本，让客户的需求与金融机构的资源进行有效匹配，通过共享与评价，实现服务的标准化，并通过分布式协同，有效地降低了金融交易成本。未来，随着金融体系去中心化的不断完善，每个人都有可能享受自金融的服务。这种服务拓展模式的边际成本接近零，就如今天的开源平台一样，让每个人都可以免费地使用其服务，从而实现社会成本的近乎“零成本”。具备低成本、高弹性、高适用、安全合规的某云金融通过和不同互联网产品的对接合作和大数据建模，可以精准有效地接入并调取应用流量，并对流量进行统计分析，最终形成大数据解决方案，以便更好地实现金融产品的销售和流量变现，使金融数据压力变为数据优势，以海量金融数据分析改变金融运营模式。

2.缓解信息不对称问题

在物联网的链接下，世界上的主要物质有可能形成一种物质信息系统，信息的需求者可以随时随地地了解所需物品的位置、种类、形状、品质等关键信息。这些信息还可以通过网络有效地进行共享，从而解决了“信息孤岛”的难题。这对于传统金融业的抵押贷款、金融授信有着革命性的影响，通过大数据长时段的收集，还可以有效地解决保险过程中的信息阻碍，让骗保无处遁形。物联网金融的快速发展，甚至可能达到经典经济学中所论述的“完全信息”状态，实现对传统金融的革命性颠覆。东方财富大数据产品通过分析访客习惯、业务特征、交易特征等访客个人特征设计金融产品，以提升数据的价值。

3. 有助于完善风控与征信体系

物联网金融，可以有效地对服务对象的历史状态、现在情况、交易习惯、风险偏好进行合理的评估与预计，从而建立起行之有效的金融风险管控体系。特别是对传统的商业银行来说，抵押贷款的估值问题一直是银行风控中的难点，而物联网的发展可以有效地监督抵押物的性质与属性变化，从流通的各个环节监控抵押物，让风险消弭于无形。而基于大数据和物联网联合的风控体系则可以建立起更加完备的征信体系，更好地为金融业服务。恒生金融大数据基础支撑平台利用离线计算、实时流处理、机器学习等技术，从大量的、模糊的、随机的、有噪声的、不完全的数据中，提取隐含在其中的有用信息和知识，最终为金融企业提供营销支持、产品运营、风险管控、内部管理等服务。

第五章　面向数字经济的企业创新管理

第一节　企业创新管理的数字化转型

一、创新管理概述

（一）创新管理的定义

创新管理以组织结构和体制上的创新，使整个组织采用新技术、新设备、新物质、新方法成为可能，通过决策、计划、指挥、组织、激励、控制等管理职能活动和组合，为社会提供新产品和服务。管理的创新是社会组织为达到科技进步的目的，适应外部环境和内部条件的发展变化而实施的管理活动。

（二）创新管理的内涵

1.创新管理的重点是搭建创新链

通常理解的研发是指由基础研究、技术研究、应用推广等一系列科技活动组成的链状结构，可称为“研发链”。我们所认识的创新，则是指从创意到形成市场价值的全过程，既包括研发链，也包括“产业链”（产品—小试—中试—产业）和“市场链”（商品供应—流通—销售—服务）。这三条链形成一个有机系统，可称为“创新链”。在创新链中，环节间有效联动，链条间整合贯通，呈现出研发牵动产业、产业构建市场、市场引导研发的螺旋式推进态势。创新管理将创新链纳入管理范畴，在拓展科技发挥作用空间的同时，契合了当今时代发展的要求。

2. 创新的竞争形势催生科技管理模式变革

当今世界，决定国家综合实力的关键指标是国家的创新能力。在这种形势下，我国的科技工作必须肩负起三个重担：保持长期发展和持续提高质量效率的双重任务、开拓国际市场和满足国内消费需求的双重使命、提升传统产业和培育新兴产业的双重要求。这就需要研发、产业、市场等方面的全面支撑，科技管理工作也必须从近期与长远、供应与需求、传统产业与新兴产业等多个层面进行部署。

3. 科技管理应覆盖创新链的所有环节

进入 21 世纪，科技创新不断涌现且呈现出群体突破的态势，研发链被大大压缩，研发与创新其他环节的联系更加紧密，在很大程度上形成了市场决定研发的局面。这一状况使得对研发实施独立管理的意义相对弱化，而对创新链强化管理的需求则急剧上升。随着科技基础条件、资金、知识产权、信息等创新资源的社会化程度日渐增强，科技项目的工程化、集成化趋势愈加显著，科技人才的流动化、国际化、团队化日渐突出，迫切要求科技管理覆盖整个创新链的所有环节。

（三）创新管理的特征

创新管理的基本特征是指创新管理所追求的主要目标及客观效果，它受创新特征的影响。创新管理的特征主要包括以下四项。

1. 全员参与性

创新管理的目标是使组织全体成员，甚至是组织的利益相关者都参与到创新活动中来。建设创新导向的组织文化，营造人人想创新的组织氛围，形成鼓励创新的环境。全员参与并非指组织中全体人员都去进行创新，而是要求组织中的每个人都对创新持开放、积极的态度，并努力在创新过程中发挥自己的作用。

2. 全局协调性

创新管理涉及组织的各个部门、各个层次、各种资源及其组合。创新是一种复杂的、超前的思维活动，需要全方位的协助与配合。如果仅有某一部门进行创新，创新则难以真正产生。具体的创新可能与组织中某些部门的自身近期利益并不一致，这就要求全员都具有全局观念，在全局角度上协调创新所需资源。

3. 全程动态性

由于创新的前沿性和环境的多变性，因此，要求对创新的管理根据环境的变化进行动态性的调整。只有这样，才能保证创新的顺利发生和顺利进行。一成不变的管理反而会阻碍创新的发展。

4. 全面实效性

创新管理的目的是使创新得以顺利发生和发展，这就要求创新管理覆盖组织全面活动，最终营造全组织范围的创新氛围，形成贯穿全组织的创新文化，由此获得能够全面影响组织并对组织有效的创新成果。实效是检验创新活动的标准，也是检验创新管理的标准。

（四）创新管理的趋势

从近年来企业管理变革的历程中不难看出，未来企业创新管理具有以下四个发展趋势。

1. 由追求利润最大化向追求企业可持续发展转变

管理的唯一主题是实现利润最大化，这严重阻碍了企业的发展，甚至促使企业倒闭，是企业破产的重要根源之一。在知识、技术、产品等创新速度日益加快的今天，成长的可持续性已经成为现代企业面临的比管理效率更重要的课题。

2. 企业间合作方式的转变

企业间的合作由一般合作模式转向虚拟企业、网络组织、供应链协作、国际战略联盟等形式。现代企业不能只提供各种产品和服务，还必须懂得如何把自身的技术专长与核心能力恰当地同其他各种有利的竞争资源结合起来，弥补自身的不足和局限性。

3. 员工的技能和知识成为企业保持竞争优势的重要资源

知识将逐渐成为企业最重要的资源，被认为是和资金、人力等并列的资源。企业在面对知识经济的挑战时，需要更多地通过加强协作、知识管理、组织学习等，将现有知识、组织、人员和流程与创新协作、知识管理紧密结合起来。

4. 从传统的单一绩效考核转向全面的绩效管理

传统的绩效考核是通过对员工工作结果的评估来确定奖惩，是企业在执行经营战略、进行人力资源管理的过程中，根据职务要求，对员工的实际贡献进行评价的活动。但其对过程缺乏控制，不能保证绩效达到改善的目的，甚至在推行绩效考核时，会引发员工不满。因而，近年来的绩效管理已经走向了结合公司战略和绩效管理，变静态考核为动态管理的趋势。

二、企业创新管理与数字经济

（一）企业创新管理的内涵

1912 年熊彼特首次提出“创新理论”以来，创新理论和实践被学者们不断丰富和发展。今天，创新已逐渐成为人类社会经济发展的主要推动力。近年来，创新理论和实践进一步发展，一些创新管理思想相继被国内外一些学者提出，如用户（供应商）创新、全时创新、全流程创新、全员创新等。在此基础上，为了适应当今社会的经济发展和市场竞争，国外的许多以创新为推动力的企业，如 3M、惠普（HP）、三星、索尼等，以及我国一些领先企业，如海尔、宝钢、联想等，都已逐步开展了创新管理实践活动，并取得了显著成果。

1. 企业创新管理的特征及原则

（1）企业创新管理的定义。创新管理是当今管理科学新兴的综合性交叉学科，对中国企业国际竞争力和经济持续增长具有深远影响。但目前研究过多考虑技术因素，而忽略了对战略、资源、文化等非技术因素的研究。只有从全面创新、战略系统、复杂动态的高度，才能提升企业创新管理研究的广度与深度，以推动理论研究的发展与实证指导的深入。因此，本书认为，企业创新管理的定义为：企业以培养核心竞争力为中心，以增加价值为目标，以战略为导向，以创新技术为核心，以各种创新（体制创新、战略创新、管理创新、市场创新、文化创新、组织创新

等）的有机融合为手段，通过各种有效的创新管理机制、方法和工具，力求做到全员创新、全球化创新、全流程创新、全时空创新和全价值链创新。

（2）企业创新管理的特征。企业创新管理在实施过程中，表现出以下几个特征。①企业创新管理具有战略性，表现在既能够提高企业目前的经营绩效，又能够培养和积累核心能力，以保持持续竞争优势。②企业创新管理具有整体性。全面创新管理是要通过各部门、各因素共同协调配合，才能完成的一项系统工程。③企业创新管理具有广泛性。创新活动必须渗透到组织的每一个事件、每一个部门、每一个流程、每一位员工、每一个角落。④企业创新管理具有很大的复杂性。企业创新包括技术创新、产品创新、文化创新、管理创新等多项创新。这些创新既联系密切，又相互影响，相互作用，构成了一个具有一定功能效应的多层次的关系复杂的企业创新系统。这个企业创新系统具有很大的复杂性，必须综合协调企业创新系统中各子系统之间的关系，才能使之发挥综合的协同作用，达到促进企业发展的目的。

另外，企业创新系统还要受到外界各种因素的干扰和影响，企业创新系统必须提高抗干扰能力。因此，要提高企业创新系统的整体功能，增强抗干扰能力，就必须研究系统的运行规律，加强对企业创新系统的管理。

（3）企业创新管理的原则。①全要素创新。企业需要系统和全面地考虑组织、文化、制度、战略、技术等，使各要素达到全面协调，以达到最优的创新成果。②全员创新。企业创新不再局限于技术人员和研发人员，而应该是全体员工共同参与。从研发人员、生产制造人员、销售人员到财务人员、管理人员、售后服务人员等，每个岗位上都能够产生出色的创新者。③全时空创新。全时空创新分为全时创新和全空间创新。全时创新是指让创新成为企业发展的永恒主题，使创新成为各个部门和每个员工的必需品，使创新是每时每刻都会发生的事件，而不是偶然发生的事件。全空间创新是指在网络化和全球经济一体化的背景下，企业应该在全球范围内有效整合创新资源，实现创新的全球化，即处处创新。

2. 不同视角下的企业创新管理

（1）技术创新视角下的企业创新管理。从 20 世纪 60 年代开始，创新管理理论研究主要集中于研究组织如何通过 R&D 来推动企业创新，以实现创新绩效。技术创新领域的早期研究者迈尔斯（Myers）和马奎斯（Marquis）将创新定义为“技术变革的集合”，认为创新是从新思想和新概念开始，通过不断解决各种问题，最终使一个经济价值和社会价值的新项目得到实际成功应用的复杂活动过程。经济与合作发展组织（Organization for Economic Co-operation and Development，OECD）在 1992 年出版的《技术创新统计手册》中提出，技术创新包括新产品和新工艺，以及原有产品和工艺的显著技术变化。Savioz 和 Sannemann（1999）认为，创新是阶段性的流程活动。Andrea（2011）认为，在复杂的创新战略中，产品的设计研发是创新的重要来源。

我国学者傅家骥将技术创新理解为：通过对生产条件要素的重新组合以获得新工艺、新市场、新供应商或组建新组织，涵盖了科技、组织、商业和金融等系列活动的运行过程。远德玉认为，技术创新是在技术原理的指导下，将潜在的生产力成果转化为现实生产力的过程，是技术的产业化、商业化以及社会化的过程。刘亦文和胡宗义从生产技术、产品设计、低价战略及组织和管理等方面，分析了福特汽车企业由于技术创新路径的依赖性而导致创新失败，认为技术创新管理的成功有赖于其与发展战略的匹配度。

（2）制度创新视角下的企业创新管理。美国经济学家戴维斯（Davids）和诺斯（North）于 1971 年出版的《制度变迁和美国经济增长》著作，继承了熊彼特的创新理论，构建了关于制度创新理论的框架体系。我国学者常修泽（1994）较早地在其论著《现代企业创新论：中国企业制度创新研究》中提出制度创新的概念及内涵。他结合中国企业的特点，认为制度创新包含狭义和广义两个概念。狭义的企业制度创新即组织创新，重点研究企业产权制度问题；广义的企业制度创新则包括狭义的制度创新以及技术创新、市场创新和管理创新四个方面的内容。苗雨君从产权制度创新、经营制度创新、管理制度创新 3 个方面构建了企业制度创新体系。企业制度创新体系系统地考虑了企业制度的构成要素及内在关系，是在系统创新观影响下的制度创新内涵。段云龙将制度创新与技术创新结合起来进行分析，认为两者是一种互动关系，并提出技术创新促进制度创新或制度创新促进技术创新应是今后创新管理研究的方向。

（3）系统创新视角下的企业创新管理。受美国学者纳尔逊（Nelson）和温特（Winter）创新进化论影响，一些学者在开放式创新理论基础上，提出了创新生态系统论。创新生态系统论认为，企业内部、企业之间、产业之间、区域之间、国家之间是一个整体的生态系统，每个生态系统都是开放的、与外界相联系的且自我动态适应调整的。

企业创新是一个开放而又复杂的动态系统，技术创新仅仅是企业创新的主要动力源泉之一，其作用的有效发挥离不开组织结构、发展战略、营销手段、人力资源管理等要素的支撑。20 世纪 80 年代，随着环境的变化，以技术创新为核心的传统创新模式的局限性逐渐显现。部分学者开始将创新研究的视角由单一要素转移到企业创新系统综合要素集成上。创新管理系统观的研究建立在对企业动态环境的把握上，体现了系统全面的创新思维，摆脱了以线性与机械为基础的技术创新管理，突出了创新管理系统内部各个子系统之间的互动对创新绩效的影响。

（4）全面创新视角下的企业创新管理。企业环境的变化将影响创新活动的成效，因此，企业必须对创新流程进行管理，才能提高创新绩效。在创新管理系统研究的基础上，浙江大学创新与发展研究中心的许庆瑞教授和他的团队在 2002 年提出了全面创新管理这一概念。全面创新管理是创新管理的新范式，以培养核心能力、提高核心竞争力为导向，以价值创造（价值增加）为目标，以各种创新要素（如技术、组织、市场、战略、文化、制度等）的有机组合与全面协同创新为手段，通过有效的创新管理机制、方法和工具，力求做到“全要素创新、全时空创新、全员创新和全面协同”。而郑刚进一步将全面创新范式的内涵概括为“三全一协同”，即全要素创新、全员创新、全时空创新和全面协同。许庆瑞、贾福辉等强调了全员创新是企业主体在战略、文化、组织和制度上的实践运行。陈劲和王方瑞从技术和市场协同创新过程中各相关要素的协同联系和协同功能出发，构建了技术和市场协同的创新管理框架，为全面创新管理研究提供了新的视角。全面创新管理不但延续了系统观对创新的非线性思考，而且确立了创新管理的立体思维。它从挖掘企业持续竞争优势的源泉出发，不仅强调了全员创新的主体作用，还强调了创新要素的时空组合，是新时代背景下创新管理研究发展的主流方向。

（5）开放创新视角下的企业创新管理。麻省理工学院亨利 · 切萨布鲁夫（Henry Chesbrough，2003）教授在其专著《开放式创新：进行技术创新并从中赢利的新规则》中通过对美国企业的实证研究，首次提出了开放式创新概念。他认为，企业不应局限在内部封闭系统之内，而应把外部创意和外部市场化渠道与内部系统相结合，进行内部和外部的资源均衡协调，寻找与利益相关者共赢甚至是多赢的商业创新模式。

开放式创新摆脱了以往局限于企业内部系统的局面，突出了更全面、更系统、更开放的创新生态观，极大地发挥了企业资源的终极效率。因此，开放创新与全面创新的融合将会是知识经济时代背景下企业面临极限竞争与客户需求多样化环境下的必然选择。

（二）企业创新管理的影响因素

1. 企业文化

企业创新是企业在竞争中不断寻求新的平衡点与发展的永恒动力的自我否定与自我超越的过程，企业文化创新跟进是创新取得新成效不可或缺的连续行为。因为企业的任何一项创新都离不开观念创新、文化更新与再造，所以只有企业具备了创新型文化、学习型文化、开放型文化、兼容型文化，企业创新才能更具活力和生命力。充满创新精神的企业文化通常具有以下特征。①兼容性，能接受模棱两可和容忍不切实际。②学习性。③开放性，即不为原有的成功所约束，不形成创新“惰性”。④承受风险，一是鼓励大胆实验，二是有危机意识。正如张瑞敏所说：“中国下一步将更加开放，国际企业的进攻将更猛烈，我们的观念、思维方式将面临更大的挑战。如果有丝毫的满足，观念更新的步伐有丝毫放慢，海尔品牌将会在一夜之间被淘汰出局，这绝不是耸人听闻。”⑤注重结果甚于手段。⑥强调开放系统，即适应环境变化，并及时进行反应。

创新管理文化不仅是中小企业创新管理的核心因素，还是开展创新管理工作的重要驱动力。因此，中小企业管理人员应结合企业自身发展的实际情况与方向，建立一种符合企业发展的全员创新的思想价值观念，并引导企业员工认真学习和理解这种价值理念，从而让员工形成正确的思想价值理念，进而培养全体员工积极向上的工作态度。

2. 企业组织结构

首先，优良的组织结构对企业创新具有正面的影响。因为优良的组

织结构可以提高组织的灵活性、应变能力和跨职能工作能力，从而使创新更易于应用。其次，充足的资源能为企业创新提供重要的物质基础，使得企业能够承受创新的成本。再次，优良的组织结构有利于创新的信息流能在各部门之间顺畅流动，有利于克服阻止创新的障碍。最后，作为企业创新管理的重心，构建学习型组织不但有助于企业学习能力的培养，而且对企业长期发展能力的形成有着积极影响。同时，要针对中小企业各部门之间的工作协调和信息交流情况，建立完善的沟通机制，并采用多种形式来激发员工创新的积极性，营造良好的创新环境，不断加强中小企业的组织管理，为构建学习型组织奠定良好基础。

3. 企业战略机制

在影响中小企业创新管理的关键因素中，战略机制因素在其中发挥着统领全局的积极作用。创新管理作为一项长期的工作，如果中小企业领导没有给予其足够的鼓励与支持，那么，创新管理就难以获得理想的效果，也失去了实际意义。因此，中小企业应坚持长期开展企业创新管理工作，并在战略方面给予充分的重视与支持；同时，要结合实际管理需要，建立与之相适应的激励和决策机制。另外，还要在信息与资金等方面给予足够的支持，从而使中小企业的创新管理工作能够顺利开展，相应措施也能够得到科学全面的贯彻落实。

4. 人力资源

人力资源是创新的决定性因素，因为，创新来源于企业员工的创新思想，来源于员工的创造力，来源于员工的整体素质的提高。而影响职工创新的主要因素有：基于员工创造力的组织；对员工的培训，以保持员工的知识得到及时更新；员工的不断学习，互相交流信息。创新系统必须有才可用和有才能用。为此，创新管理的目标之一就是既要加强创新人才的培养，也要激活用人机制。其中关键的一点，就是要促进人才流动，并且随着情况的变化而不断及时推出新的政策。例如，英国政府提出终身学习的要求，并且发表新的“英格兰的国家学习目标”。

人力资源因素能够为促进企业全体员工都参与企业创新提供有力保障，积极参考员工提出的创新管理意见和建议，进而真正做到以人为本，并充分发挥全体员工的集体智慧。同时，中小企业管理人员在实行以人为本的管理理念时，不仅要紧紧围绕企业共同目标和发展前景，还要引导基层工作人员积极主动地参与企业创新活动，并结合企业实际情况和发展现状，不断更新和完善激励机制，进而使企业全体员工都能够树立正确的工作态度与价值理念，不断提升企业员工对工作的认同感，增强其工作热情和对工作的成就感、使命感，并积极参与企业组织的相关学习、培训活动，进而不断提升自身的专业素养，从整体上提高中小企业的创新管理意识。

5. 通信与沟通方式

很多种研究已能衡量出某种创新因素相互依赖的作用。这些因素包括各种流动性、通信网络、投资类型、自主科研的大企业和有利于新技术的交易所市场的存在。流动性不仅表现为人员的流动和思想的交流，还表现为资金的流动。各种杂志、讨论会促使人们交流看法和经验，同时促进了创新。总之，由成功企业家的“成功故事”引出的竞争，能够使自己的企业进入新技术交易所市场或将其转卖给国际公司，这些都有利于创建创新型企业。这些企业的成功、硅谷的成功，或任何类似地区的成功，最终取决于由一种创新的“临界质”带来的扩大效应和合并效应。其成功取决于大量的信息，这些信息的快速流通以及通过强大的、多分支的通信网络为人们所共有。这些通信网络不仅包括因特网或企业内部网，还包括人员交往的关系网，凭借会面、讨论和相互间的创造，这些网络成为出现创新的重要因素。

（三）数字经济促进企业创新管理发展

随着“互联网 +”的不断扩展，我国各行各业的发展模式都发生了巨大的变化；与此同时，企业的管理模式也处于积极、快速的演变之中。云技术的应用，是“互联网 +”时代的一大重要特征。在云技术环境下，企业的管理模式由简单化走向云系统化，逐渐形成“云终端”式的企业管理模式。

1. 数字经济给企业创新管理带来的变化

（1）数字经济破解企业创新链瓶颈。中国的制造业规模已经连续多年位居世界第一，中国是全球最大的工业产品出口国，但是，中国制造的产品附加值偏低，一定程度上存在着被全球价值链“低端锁定”的风险，瓶颈之处在于创新能力不高，突出表现为消费者与研发者信息分割、

产业链与创新链对接不精确等问题，传统制造业企业的研发流程是集中人力、财力开发一个新产品，然后在市场上进行推广，失败风险较高。同时，由于创新资源分散，在研发过程中难以整合业内所有资源，从而制约了创新效率。

数字经济正在颠覆传统制造业的研发模式，借助数字化的开放式创新平台，消费者可以深度参与产品的研发设计，消费与研发之间的障碍被打破，数字经济使得大量的消费需求信息低成本、及时性地呈现给企业研发设计部门，使中国制造企业可以根据庞大的消费群体需求开发新产品。企业可以尽快推出“最简可行产品”（Minimum Viable Product，MVP），通过在线消费者的体验评价、优化建议等逐步完善产品细节，快速推出2.0、3.0等系列升级版。这种快速迭代研发模式是基于消费者的产品研发，把客户的需求信息和变化及时反馈到研发端，大大降低了产品的市场风险。同时，企业搭建数字化、网络化协同研发平台，可以打破行业、企业、地域等限制，集聚业内研发资源为同一个创新项目出谋划策。设计工具云端化为不同人员参与设计提供了一致标准和平台，可以有效推动产业链与创新链的紧密对接。

（2）数字经济提升企业制造链的质量。一直以来，中国制造存在的一个普通的问题是质量不稳定，很多国内企业在技术改造和新建生产线时，往往优先选择国外品牌企业价格高昂的装备，主要原因是这些高端装备在生产线上表现稳定，能够确保产品质量。近几年，中国制造的产品质量明显提升，但在可靠性、连续性、稳定性等方面还存在一定差距，制造链质量是中国制造转型升级中的核心问题。

数字经济为中国制造链的质量提升提供了新支撑，数字化生产、智能化制造可以有效提高生产过程和产品质量的稳定性。数字化工厂是基于数字平台的虚拟工厂和物理工厂无缝对接的工厂形态，虚拟工厂执行与物理工厂相同的制造过程，这种“数字双胞胎”技术能够及时发现制造过程中出现的问题，并对可能出现的问题进行预判，从而确保生产线安全运行和生产质量稳定。数字化工厂在解决标准化问题的同时，还可以通过对制造过程产生的大量数据的分析和挖掘，对生产制造流程进行优化提升。设备可以通过自分析、自决策，矫正上一道工序中出现的问题，提高制造链运行效率和产品质量。

（3）数字经济拓展创新服务链空间。向“微笑曲线”两端高附加值环节延伸，尤其是向系统集成、综合服务等环节延伸，拓展中国制造的服务链空间，提高中国制造的服务增值能力，培育一批综合解决方案提供商，是中国制造转型升级的关键路径。从全球范围看，制造业服务化趋势显著，发达国家制造企业的服务性收入占比已经超过30%，有些企业如GE、IBM等已经超过70%，而目前我国仅为10%左右，发展服务型制造的空间巨大。但是，中国制造中代工、组装等占比较大，在服务化领域的要素积累和人才储备严重不足，向服务化转型面临较大障碍。

数字经济为制造业服务化提供了技术和平台支撑，通过互联网、物联网、大数据等技术，使得制造企业在远程维护、在线监测、线上服务等领域拓展服务链更便捷、更高效。同时，数字化技术、互联网技术等可以推动制造企业整合内外部资源，创新服务化模式，在个性化定制、系统集成服务、解决方案提供等方面培育新业态、新模式。大规模的制造业服务化可以催生第三方网络化服务平台，为同类制造型企业提供专业化服务，聚集海量数据，加快制造业服务化模式创新，降低中小型制造业企业服务化转型的成本。

2.数字经济促进企业创新管理发展的实现路径

数字经济为中国制造转型升级提供了新支撑，同时，由于数字经济是一种通用目的技术和基础设施，因此，对中国制造业提出了更高要求，使制造业呈现出“软件定义、数据驱动、平台支撑、服务增值、智能主导”的新特征。数字经济驱动下中国制造转型升级路径正在发生变化，以平台化、生态化、软件化、共享化、去核化等实现“换道超车”。

（1）平台化。数字经济驱动中国制造业企业向平台型企业转型升级。制造业企业生产组织方式平台化是大势所趋，海尔、三一重工、沈阳机床、红领集团等传统制造型企业依托数字技术和互联网加快向平台经济转型，如海尔通过“企业平台化、员工创客化、用户个性化”，把企业打造成一个集聚信息、资源、数据的开放式平台，打通了内外部资源，打破了信息不对称，推动了产业跨界融合，催生了一大批新产品、新业态、新模式，为企业转型发展提供了新动力和新支撑。制造业企业借助平台思维，从生产者、交付者转变为整合者、链接者。当前，企业竞争加快向平台竞争转变，通过打造平台经济为全行业提供服务，平台价值随着

使用者的增加而呈指数级增长，在产业竞争中占得先机与优势。近年来，沿海地区制造业企业加快培育平台经济，对全国乃至全球产业资源进行系统整合，把信息流、资金流、数据流等集聚到专业化平台上，进一步强化了产业优势。

（2）生态化。在数字化背景下，不同产业和区域的生态之间，开始发生越来越多的关联，它们将不再囿于行业、地域等因素带来的条块分割，而是紧密地交错起来，让跨界地带产生巨大的创新空间，从而形成一个“数字生态共同体”。制造业企业可以通过平台经济培育壮大生态系统，使消费者、设计师、制造商、服务商等参与方集聚到同一生态圈，形成联动优势。生态链优势一旦形成，就可以依托海量数据进行协同演进、自我强化，在激烈的市场竞争中彰显系统优势。未来，企业之间的竞争将演化为生态圈与生态圈之间的竞争。

（3）软件化。数字经济时代，软件定义一切。当前，工业技术软件化趋势加快，工业软件定义了研发、产品、制造、运营、管理等业务流程，数字化设计、智能制造、工业互联网、人工智能、3D 打印等技术日趋成熟，制造业的研发方式、制造模式、业务流程、盈利模式等正在重新定义。同时，工业软件云端化加速，基于工业互联网、面向特定应用场景的工业 App 持续涌现，尤其是数字工厂、智能制造的推广渗透，设备之间的端到端集成更加成熟，基本实现了“无人工厂”，其中的核心是工业软件。然而，目前我国工业软件发展还相对滞后，外国企业在我国高端工业软件、中低端工业软件市场的占有率分别高达 80% 和 50%。

（4）共享化。数字经济时代，制造业将是共享经济的主战场，中国拥有超大规模的设备，在传统产能过剩和产品升级加速双向挤压下，研发设计、生产制造、检验检测、物流配送等都可以通过共享经济平台进行交易，推动闲置设备、闲置工厂重新投入使用。共享经济模式的成功运行，证明共享经济在制造业领域存在广阔的发展空间。同时，面对个性化、小规模需求的快速增长，企业规模和产品批量小微化，单个企业大量投资设备占用资金，使用效率不高等情况，共享工厂模式应运而生。多家智能制造方案提供商均谋划在优势产业集群、众创空间等建设共享工厂，为同类型企业提供加工制造服务，中小微企业可以通过在线平台传输数据完成订单、制造过程及交付、结算、物流等全流程，真正实现互联网制造。

（5）去核化。数字经济时代，制造过程的各个参与方均被充分赋能，大数据、物联网、智能制造等技术使得分散决策成为可能，并且效率更高，科层制、事业部制等传统管理模式难以适应数字经济时代的新要求，倒逼制造业企业组织结构“去核化”（或称“去中心化”），每一个点都可以围绕客户需求对企业内外部资源进行重新组合，开辟新产品、新服务、新业态、新模式。例如，海尔近几年践行的“人单合一”模式，把员工转变为平台主、小微主、小微成员，同时，创新薪酬体系，加快组织结构和管理模式变革，激活了内部资源，激发企业内部“大众创业、万众创新”的热潮，催生了一大批新业态、新模式，为企业转型发展注入了活力。

三、数字经济给企业创新管理带来的影响

数字化转型无疑已经成为中国企业级 IT 市场的关键词，企业与互联网技术的融合程度越深，其生产效率和效益就会越高。根据凯捷咨询公司的研究，数字化转型成功的企业有望将盈利能力提高 26%，估值提高 12%，收入—资产比提高 9%。数字化转型将会给企业带来颠覆性的改变，企业用户需要重新思考企业文化、战略、经营流程以及其他方方面面的问题，甚至包括与伙伴的合作。

数字经济时代，数字化转型正在重新定义并创新企业管理。企业经营理念呈现平台化特征，更加注重生态，让大企业做平台、小企业上平台；组织设计向扁平化进化；企业服务化职能强化；运营流程呈现数字化特征，强调数字化工作、数字化流程与数据挖掘。

（一）数字经济迫使传统企业转型

从罗纳德·科斯（Ronald Coase）对工业化时代企业的解读来看，企业的引入主要是由于市场运行成本的存在。企业组织规模的边界，受内部交易成本、外部市场运行成本、企业家决策水准、产品多样性等因素影响，均衡于内部交易成本等同于外部市场运行成本的临界点。依托封闭式、垂直一体化层级架构，通过自上而下的行政命令来安排生产及交易，提升效率和降低交易成本，是这一时期企业的主要特点。时过境迁，今天，人类即将告别工业化时代，步入信息化时代。在中国，基于互联网和新一代信息技术的企业如雨后春笋般蓬勃发展，与 2008 年国际金融

危机以来仍未摆脱困境的传统企业形成冰火两重天的鲜明对比。与数字经济时代的新生企业比较，工业化时代的传统企业所处的外部市场条件如运行成本、消费者需求已发生深刻变化，并合力倒逼传统企业变革与创新。根据科斯运用替代、边界两个概念工具分析企业性质的基本思路，考察数字经济时代传统企业遭遇的变革冲击、传统企业替代市场的基础是否动摇或发生变化、传统企业浴火重生的路径及启示，可能是一项理论与实践相结合、非常有趣和富有挑战性的工作。

1. 数字经济下传统企业面临的挑战

（1）传统企业受数字经济的内外夹击。从企业内部看，信息化改造虽然使得内部交易成本走低，但传统企业自上而下的决策和执行机制即使采用了 ERP，也无法满足消费者日益个性化、多元化的需求。以往盈利颇丰的标准化产品逐步被新生代个性化的消费者抛弃，导致企业产能过剩、库存增加、现金流紧张，内部交易成本走高。以往经济不振时，企业临时裁员、兼并重组转向高利润业务、上市融资等老办法无法根治市场响应迟缓和内部交易成本攀升等问题。毕竟，清晰地知道消费者需要什么的企业家与长袖善舞的大企业都是极少数的存在。

从企业外部看，市场运行成本降低和竞争日趋激烈正猛烈冲击着传统企业。全球贸易便利化、交通及信息的互联互通、电子交易方式的普及、社交平台经济等很大程度上降低了市场机制成本，使得未实施大刀阔斧改革的传统企业替代市场机制的成本优势不断减弱。而极少数先行变革成功者往往会抓住机遇窗口期，利用竞争优势，通过设立行业标准，抢占市场份额、产品定价权等方式获取行业垄断利润，即使只是暂时的，也会加速传统企业的竞争性淘汰。如果考虑到互联网巨头利用商务运营、管理中沉淀的数据及背后的知识和规律轻松打破以往“隔行如隔山”的行业壁垒来实施横向跨界兼并整合，那么，人们对传统企业的艰难甚至惶恐就可以理解得更深刻了。

（2）传统企业需要组织创新。受企业交易成本走高、外部激烈竞争等因素影响，数字经济时代，用户（消费者）导向的传统企业组织变革悄然兴起。自 2005 年开始实施组织创新的传统家电生产制造企业海尔就是典型代表。海尔消费者导向的组织变革经验如下。一是积极构建消费者导向的企业服务生态系统。通过与消费者的多渠道互动，围绕消费者的个性化需求设计、开发和生产产品，并为消费者提供基于物联网、大数据和云计算技术的售后维保服务。二是转变自上而下的层级决策机制为自下而上的横向分散决策机制。把一个大组织裂变为诸多小组织，然后依托小组织模拟构建比外部市场更完善的横向分散决策市场机制，变以往自上而下的决策机制为自下而上，来解决传统企业决策信息不及时、不充分的问题，不断优化企业内部资源配置，提升对外部市场变化响应的效率。三是转变企业与员工的雇佣与被雇佣关系为新型的合作分成关系，与员工共享企业利润剩余索取权。基于企业与员工的合作分成关系，每名员工都成为企业实质上的主人。依托新型合作分成关系，把考核评价员工的权利交给消费者，内外结合发力，使企业成为一个由诸多建立在自利基础上、以满足消费者需求为己任、以追求公司利益最大化为目标、与企业共同分享剩余索取权的互联式团队。

（3）传统企业正经历“互联网 +”实践创新。为创新图强，传统企业不但在组织创新方面实践探索，而且结合“互联网 +”在设计、生产、执行、营销、维保、物流配送等环节开拓创新，寻求突破。从实践看，近年来传统企业积极响应国家大政方针，大力发展和依托人工智能等新一代信息技术，降低企业交易成本、库存资金占有率，减少应收账款，提升企业利润水平和现金流。例如，山西某钢铁集团有限公司，从 2005 年至今，依托云计算、大数据、物联网等新一代信息技术，大力实施信息化改造，互联构建以纵向决策支持、运营管理、生产执行、过程控制、基础自动化五级架构为骨干、用户个性化需求为导向的数据中心，全面对接采购、生产、质量、销售、设备及财务管理等业务流程，削弱了部门之间的壁垒，降低了资金、质量控制、订单追溯等方面的成本，提高了企业利润。据权威机构评估，某钢信息化系统的利润贡献率占企业总利润的 12%。

总体来看，传统企业正在互联网的创新实践中积蓄力量、孕育新生。传统企业的标准化生产方式逐渐被数字经济时代的个性化、智能生产方式替代，传统受区域限制的线下现金交易方式逐渐被线上数字货币交易方式冲击，传统的分层、贴标签式营销逐渐被智慧、精准的信息推送营销替代，传统的物流配送服务逐渐被低成本、高效率的智慧物流替代。伴随生产、交易、营销、流通方式的转变，国人传统的生产、生活、

交往习惯、理念、文化正随着新技术的集群加速发展与应用在全面重塑中萌生新枝芽。传统企业，其服务的市场正发生翻天覆地的变化，顺势而为，因势利导，勇于实践创新，才能挽大厦于将倾，突出重围，凤凰涅槃。

2. 企业数字化转型的过程

从1980年至今，企业数字化经历了三个发展阶段：业务自动化、行业互联网化以及现在的技术与服务融合。

（1）业务自动化阶段。1980—1995年为信息技术时代，企业在这个时代完成了业务自动化。这个阶段是技术替代重复的人工劳动，IT技术让大规模的生产类整合以及全球化成为可能，形成一种高效的运转模式。但是，在这一阶段，IT技术并没有对传统的商业化模式造成更大的影响。

（2）行业互联网化阶段。1995—2010年为互联网时代，这期间以亚马逊和eBay为代表的互联网商业公司兴起，互联网不受时间、地点和种类的限制，这对于实体商业模式造成了很大冲击，两种商业模式在两条平行线上竞争，发挥各自的优势，在各自的舒适区中搏杀。

（3）技术与服务融合阶段。从2010年开始，随着移动互联网技术、云计算技术以及物联网技术的兴起，物理实体世界的体验与虚拟的数字体验正在不断融合。在这个过程当中，出现了很多新业务模式，新一代消费者也出现了。“90后”“00后”是抱着手机长大的一代，他们对于消费服务的期望不同于传统消费者，希望随时随地获得各种各样的服务。

3. 企业数字化转型的模式

Thoughtworks通过为企业提供咨询的实践，总结了企业数字化的三种创新模式：流程创新、体验创新、模式创新。

（1）流程创新。在传统的业务模式之下，流程创新更多的是围绕提高生产力效率而展开的，包括业务自动化、流程优化和效率提升。随着物联网和大数据的应用，流程创新更多围绕抓住商业机会以及转瞬即逝的用户品位展开，从而引导消费者购买。这个变化意味着从原来降低成本和提高效率转变为商业机会的创新。在流程创新方面，Thoughtworks用移动科技帮助英国一家MORRISONS公司提升了门店的效率。通过移动App应用，店内的店员可快速有效地跟踪线上以及库存商品，快速填写补货需求，这样，就能提高每个店员的工作效率。更重要的是，通过实时跟踪店内商品和消费趋势的变化，还可以优化供货及采购的流程，试点门店每年能创造相当于 400 万英镑的价值。

（2）体验创新。体验创新指应用最新的感知与交互技术，通过触点分析打造全新的用户和产品体验，包括场景分析、用户历程图以及触点优化。张松介绍说，国外一家酒店集团通过社交数据分析提炼出所有为酒店点赞或推荐的文字线索，发现几乎所有的线索都发生在进入酒店前 20 分钟的体验中，所以针对这 20 分钟体验进行重点投资优化，这就是触点优化。

Thoughtworks 为某化妆品销售公司设计了下一代电商体验，尤其是设计了两个高度黏性的场景：一个是“成为更美丽的自己”，针对职业女性不同的生活背景、职业经历以及不同场合的美妆需要，帮助该化妆品销售公司打造了一个线上教学体验，让职业女性可以学习到更加符合自己工作场景的美妆，并把经验分享到朋友圈；另外一个场景为“见证不平凡的时刻”。帮助该化妆品销售公司的客户在 App 上制定自己人生的目标，记录自己生命当中关键的时刻以及达成各种愿望清单的游戏化方式，通过点赞、礼品、积分等，让客户与品牌之间产生更多的黏性互动。

（3）模式创新。在模式创新中，可以看到很多公司在原有的核心资源和核心竞争力基础上，采用技术手段实现模式创新。2016 年，日本住友生命保险公司与软银一起合作，利用软银的可穿戴设备优势以及健康和计步等数据分析手段，设计了一款人寿产品。该产品可以分析客户的运动和生活习惯数据，通过数据整合设计了一套五级划分的人寿保险体系，其中，具有最佳生活习惯的客户可以获得 20% ～ 30% 的优惠折扣。

Thoughtworks 与中国首批民营银行之一的 B 银行合作，尝试了一个别出心裁的业务模式：把线下保险箱转变为线上保险箱。B 银行与 Thought-works 一起设计了一款名为“极密”的应用，把线下保险箱“搬”到线上，即保管安全度比较高的数字资产。通过这种差异化的创新方式，B 银行开始挑战传统大型银行以及互联网公司，以达成更有效的获客能力。

（二）数字经济对企业创新范式产生影响

从创新的角度看，全球的创新范式正在发生巨大的变化，主要体现在以下三个方面。

（1）创新范围已经从“封闭竞争”走向“开放合作”。创新更多是由多个企业在一个创新生态系统中相互合作完成的，创新边界已经超出了企业既有的边界。

（2）创新组织已经从“一体化”走向“平台”。“平台”以其特有的弹性，成为网络经济背景下的重要战略选择和组织形式，使得企业的创新活动与技术和市场变化共同演进。

（3）创新行为已经从“线性创新”走向“涌现创新”。未来我们需要培育友好的“创新生态系统”，即培育创新的环境，创造创新的机会和激情，尊重和激励创新，引致创新行为不断涌现，相关各方共生演进。

第二节　企业创新管理的数字化转型技术与能力

一、企业创新管理的数字化转型技术

（一）企业创新管理数字化转型核心技术的特征

1. 便利可靠的链接

适配多种控制器，性价比高，新技术跟踪（NB-IOT、5G等）。以根云为例，提供多行业、多设备类型快捷接入，超过80%的主流控制器覆盖，支持350种以上的工业总线驱动协议，300种以上通信设备。可以与全球主流运营商网络进行无缝集成与切换，可链接GPS与北斗定位系统，具备商用卫星通信能力。

2. 混合云架构技术

既基于公有云的技术架构，又能确保数据隐私，打造“公有云+私有云”架构，具备多云迁徙能力。

3. 工业大数据处理技术

支撑工业大数据的广泛应用，是工业企业的最基本需求。最常用的工业大数据应用，包括宏观经济预测、配件需求预测、产品研发大数据分析、在外贷款风险管控模型、设备故障预测模型、服务模式创新等。

4. 可复制的应用能力

为了解决个性化与标准化的冲突，既要应对客户的个性化需求，又要具备大规模复制的互联网拓展模式，确定核心应用为后市场服务运营管理（通用性高、普遍的痛点、制造业与服务业的接口），利用互联网轻量级架构，打造组件化、微服务化功能模块，便于应用的自由配置和功能的个性化组合。

5. 集成应用的整体效率

打通从接入到应用的端到端能力，跨技术层级的整体效率和易用性；开放性，能够对接各种外部应用。

6. 多层次、端到端的安全防御体系

建立云、管、端全方位的安全防御体系，如芯片硬件加密（TPM、TEE）、安全 OS（隔离）轻量级、终端安全插件（轻量化）、设备端软硬件防窜改、识别并过滤 IOT 协议和应用、百万并发连接处理、无线网和固网加密传输协议、DDoS 攻击防护、云端安全运维中心、基于大数据的安全态势感知等安全管理技术。

（二）企业创新管理数字化转型的技术趋势

数字化已经深度融合到所有行业中。但是，即使技术已经成为企业组织及其战略的重要组成部分，也只有人才能确保企业以前所未有的速度在新型的行业中立于不败之地。

1. 智能自动

数字时代不可或缺的“新员工”。机器和智能软件将成为企业的新员工，为人类提供新的技能，辅助其完成新的工作，重塑产业模式。智能自动最大的威力是从根本上改变了企业与个人的工作方式。机器以其独有的优势使人类的工作如虎添翼。随着智能技术的日益完善，它将为人类工作带来前所未有的活力，激发无限可能。现在，企业可以换种方式来完成工作，还可以做与众不同的事。机器和人工智能将成为企业的新员工，为人类提供新的技能，辅助其完成新的工作，重塑无限可能。

2. 柔性团队

重塑当今的数字文化。为了紧跟数字时代不断发展的步伐，实现宏伟目标，企业除了提升工具和技术方面的硬实力之外，还需特别注意提高“员工团队”这一软实力。过去，人们的职业技能、轨迹和目标都相对固定；如今，各种行业的企业都在培养“柔性团队”，“柔性团队”能

不断适应环境变化并进行自我调整，具有较大的灵活性和较强的应变能力。借力于数字技术，企业员工改变了企业将要做什么，更重要的是怎么做。

3. 平台经济

由外向内推动创新。行业领军者已不满足于创建新的技术平台，而是致力于打造平台化的新经济模式，推动全球宏观经济再一次的深刻变革。未来，无论是顺势而为向平台化转型，还是固守一隅，企业都需要在平台经济中找到准确的战略定位。平台经济为平台型企业带来了高回报，全球前 15 家公共“平台”企业市值总和高达 2.6 万亿美元。

4. 预见颠覆

利用数字生态系统促进新的增长。精准农业或产业物联网等迅速崛起的数字化平台为构建新型商业生态圈树立了典范，推动传统产业转型升级。打造出这些数字生态圈的企业打破了行业边界，向全新的商业对手发起挑战。以往，技术颠覆力量说来就来，不可预测；现在，企业根据生态系统的发展情况就可以预测发展新趋势。企业如果能够立即行动，从其在生态圈的独特战略定位中创新产品和服务，则有望在这场新的竞争中赢得先机。“迅速在生态圈中站稳脚跟，联合新的合作伙伴发展平台型服务，在新的竞争中赢得先机。”

5. 数字道德

商业道德与信息安全是维护客户关系的纽带。信任是数字经济的基石。如果用户不信任，企业就谈不上运营数据的使用与分享。在数字经济环境下，用户和监管者应当如何获得和保存数据呢？完善的网络安全体系与极高的商业道德标准是客户信任的基石。企业要以产品与服务的创建为起点，认真考虑商业道德和网络安全问题。当企业与客户间建立起稳定的信任感时，将获得长久的客户信赖。企业必须将数据管理和数字道德提升到核心战略层面，从而规避商业风险。

二、企业创新管理的数字化创新能力培养

（一）数字化创新能力概述

创新能力是组织在技术和组织方面的知识的总和，它体现在组织的

人力资源、技术系统（主要是硬件设备）、信息系统和组织管理体系中。技术创新是组织专有技术知识的最重要来源，因此，必须改进技术创新过程尤其是研发过程中的知识管理。

1.技术能力的内涵

技术能力是企业创新的基础，企业要想获得骄人的创新业绩并创造财富，就需要强大的技术能力作为支撑。提高技术能力是长远性的战略举措，是公司不断创新的源泉。

技术能力附着在企业员工、技术设备系统、技术信息和组织管理等诸要素上，并体现为各要素所有内生知识存量的总和。它是一个描述企业内在技术潜能的概念，是企业提高产品质量、提高劳动生产率、降低产品成本和实现技术创新的技术基础，也是企业全面提高经济效益、增强企业竞争力的基础。

在实际调研中，我们发现，企业技术能力不足会造成一些显著的负面影响：一是引进的技术（包括购买的硬件、许可证和专利等）不能很好地消化吸收；二是技术合作（包括合资、合作研发等）中得不到合作方重视，吸引不了优秀合作伙伴；三是自主创新在较低水平上重复进行，技术创新缺乏基础和后劲，影响企业的产品和工艺创新。这些影响最终使得企业难以形成技术核心能力，技术战略缺乏支撑，不能支持企业实现战略意图，从而影响企业的竞争优势。

2.技术能力的分类

根据企业技术创新活动的五种最主要的形式，一般技术能力可按发展的层次与难度分为五种：技术监测能力、技术引进能力、技术吸收能力、技术创新能力、技术核心能力。

（1）技术监测能力。技术监测的意义在于，它既是企业的一项经常性的信息工作，又是企业在获取技术前重要的先行工作。即使是研究与开发力量薄弱的小企业，也需要设置专人从事技术监测，获取企业进行战略研究所需的技术信息。

首先，企业的技术监测能力取决于监测人员的数量与能力。没有足够的人员，就无法进行多方面、多渠道的跟踪与探寻。监测人员的能力反映在其教育背景和职业经历上，监测人员既要有关于企业核心技术和辅助技术等方面的专业技术基础，又要有广博的科学技术知识，同时应

十分清楚企业的战略目标和发现方向。

其次，外部信息和知识网络是必需的，这包括外部联系和内外部界面两方面内容。与顾客、供应商、政府部门、大学、研究部门、行业协会、竞争者等的外部联系对构建广泛而有效的信息和知识交流网络是非常重要的，同时，要形成内外部信息知识网络的交互界面，使外部知识能够顺畅地进入企业。企业拥有优秀的“技术桥梁人物”（Technological Gatekeeper）会有助于建立这种界面。

最后，先进的信息设备是建立技术监测能力和提高效率的重要物质条件。技术监测人员在进行信息搜索、分析和处理时，离不开先进信息工具的帮助，特别是在国际信息网络（包括互联网）日趋发达的条件下，企业必须加大这方面的投资，不断完善其信息基础设施。

（2）技术引进能力。技术引进是一个广泛使用的概念，是将外部技术知识经过选择、评价和谈判引入企业内部的能力。具体途径有很多，如购买成套设备、购买专利、购买许可证、购买设计技术、委托研发等。总的来说，技术引进可分为两类：购买硬件（如购买成套设备）和购买软件（购买专利、许可证、设计技术以及委托研发）等。

要提高技术引进能力，首先，要加强技术监测能力，了解技术的进展情况，防止盲目引进落后过时的技术；其次，要增强技术选择能力，能通过对不同备选方案的分析、比较和技术经济评价，最终选出适合企业条件，但又不拘泥于自身落后状态的先进适用技术；最后，要加强技术谈判能力，即能够与技术供应商进行迅速有效的谈判，获得所需的技术。

因此，从根本上说，技术引进中必须拥有精干的技术经济分析人员、谈判人员和项目管理人员。除此之外，建立与技术供应商如大学、研究所、国外企业等良好的外部关系也非常重要。

另外，一个企业的技术引进工作无可避免地受到其资金供应能力的限制，如果没有强大的资金投入，往往无法进行一些大型设备和先进技术的购买。在有限的资金条件下，如何进行最有效的引进，则取决于技术评价和选择的能力。

（3）技术吸收能力。技术吸收能力是识别新的外部知识的价值，进行吸收，并将这些知识应用于商业目的的能力。它能将引入的外部技术知识经过应用，整合到企业内部知识体系中，转化为企业自身能熟练应用的知识。理论和实践表明，技术吸收能力取决于已有的相关知识基础。这种相关知识基础不仅使企业有能力去识别新知识、新信息的价值（技术评价），还使企业有能力应用新知识并将新知识，整合到自身知识体系（技术吸收）中。

为了提高技术吸收能力，特别是解决问题的能力，首先，必须通过大量的实践，去解决各种各样的实际问题，即组织的吸收能力不能停留在获得和消化新信息阶段，而要加以运用。因此，企业要做好知识与信息在各部门之间的流动，建立起信息流转系统；加强企业与外界的联系，加强部门间的信息联系和组织内的信息联系。由于存在着部门间的隔阂和同外界的隔阂，因而技术桥梁人物非常重要，他们能打破组织界限，促进信息流动。企业的吸收能力在很大程度上取决于技术桥梁人物。

其次，要完善跨功能吸收能力。企业的吸收能力是建立在企业各功能部门协调一致进行工作的基础上，既需要企业的中央研究发展部门与各下属经营单位的研究发展部门协同工作，也需要研究发展部门同设计、制造、工艺、营销、财务、供应等各部门协调一致。这就要做好界面管理，需要一批能从事界面管理的人才。从事界面管理的人员要具有技术、经济、管理等多方面知识及丰富的实践经验。

最后，要加大研究与开发的投入，这是技术吸收能力得以形成和发展的基础。研究表明，凡是从事技术研究与开发活动多的企业，其吸收能力就强，就能有效地运用外部信息。我国企业的经验也证明：只有生产制造经验丰富的企业，才能有效地吸收国外先进的制造技术；那些重视职工培训与教育的企业，一般吸收能力也较强。

从组织资本的角度看，必须把个人吸收能力转化为组织吸收能力。必须看到，一个组织的吸收能力取决于组织中的个体吸收能力。因而，组织必须大力投资，以发展其成员的吸收能力。

（4）技术创新能力。技术创新能力是企业（组织）产生新思想（新概念），并运用研究与开发、营销和工程化能力实现新思想，以促进创新战略发展的综合能力。从知识角度看，技术创新能力就是将企业内外部知识激活，进行整合与创造，并实现其价值的能力。

研发设计能力是技术创新能力中最重要的部分，发挥着实现知识激

活、整合与创造的作用。营销能力和工程化能力也是实现技术知识价值所必不可少的能力。技术创新能力具有独创性、商品化和系统性三个特征。独创性是技术创新能力区别于仿制和模仿能力的主要标志，越是重大的技术创新，其独创性就越显著。商品化是技术创新能力的重要特征，意味着企业必须赋予其创新产品一定的市场价值，技术创新必须符合用户的需要。商品化能力主要体现在市场研究能力和营销能力上。系统性是技术创新能力的第三个主要特征。

技术创新能力是需要多种功能相互配合的能力，其核心部分包括研发设计能力、营销能力、工程化能力（包括工艺、工装、生产等能力）。支撑部分包括创新资金筹措和运用的能力、关键人才的吸纳和凝聚能力、企业家精神和战略管理能力、以界面管理为重点的组织与协调能力。

（5）技术核心能力。技术核心能力是在长期的创新过程中形成的独特的、更为系统的、令竞争者难以模仿的技术能力。核心能力是组织中的群体学习，特别是如何协调各种不同的生产技能和整合不同的技术流。作为一种整合能力，企业核心能力分为内部整合和外部整合两个方面，而内部整合又可以分为企业经营整合和技术整合。核心能力存在于企业能力、技术创新能力、技术吸收能力之中，是三者核心能力的整合。因此，它贯穿于环境、企业经营、技术三个层次中，与企业能力、技术创新能力、技术吸收能力都相关。

企业能力、技术创新能力、技术吸收能力中的能力成分要想成为核心能力，至少要满足以下三个条件：第一，具备进入各种各样市场的潜力；第二，能为用户从最终产品感知到的价值做出重大贡献；第三，是竞争对手难以模仿的。

核心能力还是一组技能集合，可以用一个技能网络来表示核心能力。建立公司的技能、产品数据库后，可以利用信息技术，使从技能到核心能力的过程实现计算机化，使核心能力的管理实现可视化。这为公司信息网络的应用开辟了新领域。

鉴别核心能力的三个标准是：①能提供范围广泛的潜在市场，②能使顾客在使用最终产品时得益，③使竞争者难以模仿。

核心能力的三个核心特征如下。①独特性。这种能力是公司所特有的，是“独一无二”的。②增值性。这种能力能使公司为用户（顾客）提供更多的价值，使用户在使用过程中获益更多。③延伸性。这种能力可以使企业衍生出一系列新产品或新服务。

除了以上三个核心特征外，核心能力还具有以下特征。①动态性。核心能力并非一成不变的，随着时间推移、环境演变、市场需求以及相应的战略变化，核心能力必须重建和发展。②综合性。核心能力不是一种单一的能力，而是多种能力和技巧的综合。从知识角度看，它不是一种学科知识的积累，而是多学科知识在长期交叉作用中积累起来的。③不可模仿性。它既是识别核心能力和非核心能力的重要判别标准，也是规划建立企业核心能力的重要原则。

核心能力和企业战略的互动关系，首先，核心能力是战略管理的基石所在。其次，企业战略必须促进和培育核心能力。再次，企业战略必须着眼于及早形成自己独有的核心能力，并以此为依据，增强企业在市场上的竞争力，使企业不但具有当前的竞争力，而且拥有未来的竞争力。最后，核心能力要注重长期培育。

（二）提升创新能力的途径

技术能力积累的内部途径主要是指内部研发设计。其作用有：①以重大或渐进创新不断完善现有技术体系，提高自身技术能力；②以重大创新成为新技术体系的开创者，提高技术能力；③在创新中，有时会产生技术“副产品”，不属于现有的产品和生产技术体系，可独立成一个新的领域；④对引进技术进行模仿或改进性的研究开发，以促进引进技术的消化吸收。

研究发现，内部研发设计对技术能力提升具有不可替代的作用，因为技术与知识具有环境依赖性，企业放弃研发设计活动，就意味着失去新知识与技术产生的环境，将严重降低企业的创新能力。另外，内部研发设计还可以释放潜能以维持现有能力并发展新的能力。因此，通过技术创新尤其是内部研发设计，来优化和扩展企业的技术知识存量，是提升技术能力的重要途径。

内部研发设计要求企业具有较多的资源和较强的能力，通常是一个较为漫长的过程，因此，适用于产品推向市场的时间不是特别重要的情

况。但是，内部研发设计具有易于控制和熟悉的优势，能够有效地控制时间和进行判断，具有先发优势，并能够将技术和管理精要保留在企业内部。不同企业的情况不同。例如，先发企业大多数是从内部研发设计开始的，因为这些企业往往是某领域内的技术领先者，可以依靠自身资源和能力来发展。但对于多数企业来说，内部研发设计一般担负着完善现有技术体系的任务。

内部研发设计能有效提高企业的研发能力。因此，许多落后企业为加深企业对先进技术原理的理解和积累自身研发能力，不惜投入大量人力物力，对领先企业的先进技术进行重复性开发。同样，对失败创新项目的评价也必须考虑其对于技术能力提高的潜在效应。

从战略意义上说，内部研发设计可以使获得的新能力融合于企业原有的能力体系中，其他企业短期内难以模仿。因此，内部研发设计是最具有战略重要性的根本的能力积累途径。

但许多学者研究发现，内部研发设计具有以下明显缺陷。①成本通常高昂。②难以发展完全不同于现有能力基础的全新能力。企业在具有相当不确定性的情况下，投入的不可取消性会阻碍其对内部研发设计的投资。③内部研发设计会遭遇由于核心商业外部影响因素造成的困难。外部的和制度上的影响因素可能通过强制其在已接受的行动和轨道之内的行为，限制企业的投资路径。④内部研发设计会遭遇商业组织内部影响因素造成的困难。组织惰性可能会限制企业现有规程集合的扩张，抑制企业在超越企业局部搜索的领域中发展其技术能力。

第三节　数字化企业的创新战略

一、数字化企业的自主创新

（一）数字化企业的自主创新与自主研发

自主创新研究源自发展中国家或者新兴工业化国家对技术创新道路的选择。在“自主创新”的概念明确提出之前，相关的概念主要有“本土创新”和“发展自主知识产权”等。有学者认为，“自主创新”其实等同于“技术创新”或者“创新”的概念。近年来，我国强调“自主创新”，是针对以前过多地模仿与引进外国技术而缺少自主知识产权和核心技术而言的。对于自主创新的内涵，尽管近年来已经有多种论述，但是仍然众说纷纭，存在一些争论。

1.狭义的自主创新

早期，对自主创新内涵的研究多从狭义角度出发，集中在微观层面上，如将自主创新界定为：企业主要通过自身努力，攻破技术难关，形成有价值的研发成果。在此基础上，依靠自身能力推动创新的后续环节，完成技术成果商品化，获取商业利润的创新活动。其主要面向技术吸收与改进后的技术发展阶段，强调技术学习。后来，自主创新的含义演化为企业积累和提高技术能力的过程或行为，自主创新与模仿创新、合作创新共同作为技术创新的构成要素。

自主创新是企业通过自身的努力或联合攻关探索技术上的突破，并在此基础上推动创新的后续环节，完成技术的商品化，获得商业利润，以达到预期目标的一种创新活动。后来，一些学者认为，自主创新不一定是核心技术的突破，不一定是技术领先，也不一定完全依靠自己，只要能够有自主知识产权，并能提高竞争力即可。

2.广义的自主创新

随着认识的深入，有学者认为，自主创新不一定是技术方面的创新和突破。自主创新是在自主掌控下，利用一切可利用的资源，形成体制、机制、产品以及技术上的竞争力，并形成持续创新能力。自主创新并不是鼓励从头做起，集成创新和引进技术的消化、吸收、改进也是自主创新的组成部分。提倡“自主创新”主要是指应尽量争取避免完全受制于人，减少路径依赖。自主创新指在创新中不是单纯地依赖技术引进和模仿，而是在以创造市场价值为导向的创新中掌握自主权，并能掌握全部或部分核心技术和知识产权，以打造自主品牌，赢得持续竞争优势为目标。自主创新不但包括单纯技术（新产品、工艺等）层面的，而且管理、制度、战略、市场、文化乃至商业模式等非技术方面也是自主创新的有机组成部分。

3.自主创新的内涵与构成

自主创新主要包括三个方面的含义：一是加强原始创新，努力获得更多的科学发现和技术发明；二是加强集成创新，使各种相关技术有机

融合，形成具有市场竞争力的产品和产业；三是在引进国外先进技术的基础上，积极促进消化吸收和再创新。

（二）数字化企业的自主创新能力

1. 自主创新能力构成

关于自主创新能力，需要明确几个关键性问题。

（1）关于自主创新主体的问题。国家与区域等层面，自主创新的主体是我国公民或创新的相关法人组织机构，它们是自主创新的核心利益相关者。

（2）关于如何开展自主创新的问题。这里包含两个维度：首先是开展自主创新活动的个人或组织主导推进创新活动，通过利益相关主体的参与，将创意转换成创新成果，实现创新价值输出与回报的过程；其次是自主创新的主体通过投资其他利益相关主体，并在一定的法律与规范框架内实现创新成果商业化，并实现价值输出与获取回报的过程。

（3）关于自主创新程度的问题。自主创新的程度反映在国家与地区创新主体实施创新活动时，对自身及国外创新资源与能力的依赖程度。自主创新并非完全依靠自身的能力实现创新成果的输出。网络化与开放式创新的背景下，技术引进、全球产业链价值链分工与合作、全球资源整合、跨国合作与并购等使得自主创新对外部资源的依赖成为必然。

2. 自主创新能力的提升途径

自主创新能力指企业依赖嵌入在自主创新过程中的核心技术知识，是企业研发（独立研发或合作研发）/ 使用核心技术的能力。

从企业创新主体与创新流程角度看，其包含两个个体层面和四个组织层面的关键要素。个体层面为：研发人员个体的自主创新能力是领导在面向创新活动涉及的研发、生产活动时的个人能力；组织层面为：企业对自主创新活动的投入强度、企业面向自主创新活动中各类资源的联结与协调程度、企业信息获取与识别能力，以及企业通过自主创新转换创新成果的能力等。

随着我国改革开放与经济结构的转型，创新型国家建设与全球竞争的加剧对自主创新能力的提升提出了更高的要求，也为自主创新能力的培育带来了机会与挑战。

基于我国企业自主创新能力提升的可行性与潜在问题分析，研究中国企业自主创新的议题，形成了自主创新的路径。主要表现如下。

（1）进行思维创新，克服思维惰性和能力刚性，形成企业自主创新能力提升的基础。自主创新包含原始创新、集成创新、引进消化再创新三个方面，鉴于中国企业技术与人才能力储备的不足，我国企业早期主要依赖集成创新与引进消化再创新两种途径提升自身的创新能力。在能力、资金、知识、人才的积累条件下，我国企业应当在思维上破除能力刚性，逐步强化自身的原始创新能力，逐步转型，实现自身在研发与品牌推广两方面的可持续竞争优势提升。思维与理念的转变成为我国企业自主创新能力提升的前提条件。

（2）加强组织学习和技术学习，打造企业自主创新能力提升的内在基石。组织学习与技术学习是我国企业消化吸收国际先进技术，实现自身技术再创新、技术跃升、吸收能力积累等的重要手段。技术学习与组织学习的方法涉及反向工程、反向创新、模仿与复制、知识管理、信息挖掘、技术研发等手段。运用这些方法，企业可以在长期的发展中逐步积累、提升自身的自主创新能力。

（3）继续加大研发投入，提升自主创新能力。技术研发与研发能力是自主创新能力的核心，加大研发投入是提升自主创新能力的最直接方式。加大研发投入，提高研发投入经费在企业销售收入中所占的比重，是企业提高自主创新能力的主要途径。

（4）有效整合外部资源，以开放式创新带动自主创新能力提升。开放式创新已成为企业提升创新能力与竞争优势的重要范式，依赖外部资源的整合，我国企业可以通过跨国兼并收购、雇用高技术人员、强化区域与国际战略联盟合作、产学研协同创新、参股或控股目标企业等方式，进一步整合全球化的互补性资源，实现公司自主创新能力的提升。我国学者陈劲和王方瑞（2007）进一步整合自主创新的机会选择、自主创新的战略决策、创新的市场选择结果，建构了面向中国企业自主创新的“渐进变革机会—拓展主导型决策—范式强化”与“突破变革机会—开发主导型决策—范式变革”两条主路径，以及“渐进变革机会—开发主导型决策—范式变革”和“突破变革机会—拓展主导型决策—范式强化”次路径，强调中国企业自主创新的路径选择需要综合考虑技术成熟度、行业创新结构、市场集中度、企业技术能力累积性、外部资源联系等因素，

并使这些因素与研发投入决策、技术分散度、创新组织形式相匹配，最终实现企业市场份额提升与创新能力的发展。

（三）数字化企业的自主创新模式与政策

自主创新不仅是简单的技术创新与技术研发，更是创新资源、创新模式、创新动力、创新价值的有效整合，并最终在国家与区域层面实现经济与技术的良性互动。因此，自主创新是一项复杂的系统工程。

1. 自主创新的模式

韩国和日本的自主创新主要依赖“引进—模仿—创新”三步走战略，实现了短时间内经济与科技实力的快速提升。对于发展中的中国，由于在市场规模、文化基础、人口水平、民生议题等方面的差异化，因此，学者与实业界认为，中国自主创新的模式不能完全照搬相关发达国家的经验，必须探索自有的自主创新模式。

自主开发模式是在创新风险可承担条件下，使研发人员与工程师参与到新思想、研究与开发、设计与制造等一系列创新活动与问题解决的过程，通过显性知识与隐性知识的互动，提升研发人员与工程师的学习能力与知识水平，从而掌握核心技术原理。合作创新是整合内外部创新利益相关主体，通过风险与收益分摊的方式，实现创新成果的溢出与价值的获取。跨国兼并模式有利于中国企业快速整合全球资源，快速获取国际创新互补性资产，提升本土企业的自主创新能力与全球竞争优势。

笔者认为，我国企业自主创新应当遵循“确立自主创新目标—自主创新设计—存量技术扫描—创新—获得自主知识产权—必要的知识产权引进—自主实施”。该模式将核心技术与知识产权置于自主创新的关键位置，强调专有技术获取性、自主创新要素（原始创新、集成创新、消化吸收再创新）、创新模式（合作创新与独立创新）之间的匹配，并通过技术知识产权的获取最终实现自主创新能力提升。

同时，面向我国制造业企业，根据市场结构、行业特征和自主创新决策之间的关系，可以总结出四种中国企业自主创新模式，即高市场集中度的科技型自主创新模式、低市场集中度的科技型自主创新模式、高市场集中度的制造型自主创新模式和低市场集中度的制造型自主创新模式。

2. 自主创新的政策

我国提出，自主创新的本质是在国家工业化与信息化及经济结构与社会转型过程中，国家科技创新面向发达国家实施技术追赶的一种策略的解释。这要求企业、政府、大学与科研机构等利益相关主体实施协同互动，通过自主创新的政策驱动，以及多方利益相关主体的资源整合，在自主创新模式的引导下，实现知识溢出与创新价值，依赖科技、经济、社会的多元互动，提升国家创新能力与国际竞争力。

然而，我国科技创新的系统化建设起步相对较晚，国家尚处于社会主义发展初级阶段，科技投入占 GDP 的比重长期低于全球发达国家水平，企业技术创新能力、产业竞争力以及国家创新制度与环境等方面较芬兰、美国等主要创新型国家还有很大差距。在此背景下，我国政府在国家创新体系与自主创新能力建设的过程中一直扮演着重要角色，承担了创新规则制定者与创新活动推动者等重要角色。创新政策也成为我国实施自主创新战略、建设创新型国家，在真正意义上实现创新驱动发展的重要手段。

在政策层面，我国政府对自主创新政策体系搭建与创新型国家建设，制定和实施了一系列自主创新政策，主要可分为重构科技体制（1978—1985 年）、建立研发投入机制（1986—1998 年）、促进科技成果转化（1999—2005 年），以及全面构建国家创新体系（2006 年至今）四个阶段。创新政策也实现了四个转变，包括：从不协调的、零散的政策制定方式向协调的、系统性的政策制定方式转变；从单一化的政策执行主体向多元化的政策执行主体转变；从内部评估的政策评估方式向外部评估的政策评估方式转变；从失范的政策终结行为向规范化的政策终结行为转变。

尽管国家自主创新机制与自主创新政策体系逐步完善，但是，当前我国创新能力提升与国际竞争优势获取仍然面临创新环境不完善、创新产出投入比重较低、企业与产业创新能力较弱、创新人才能力较低等问题。结合当前我国经济结构转型与深化改革的大背景，笔者从自主创新的企业层面与国家层面提出了我国自主创新发展的建议。

企业层面，陈劲和王方瑞等（2007）结合拉丁美洲、东欧、亚洲等国家与地区的工业化技术追赶成功经验，尤其是韩国、日本、新加坡等的自主创新与技术追赶战略实践经验，提出了四个方面的企业自主创新建议。

①制定自主创新决策，设置自主创新短期、中期以及长期的技术和市场发展目标，解决企业自主创新的结构性和方向性问题。②制订自主创新能力发展规划，培育自主创新阶段转型的能力基础。③积极培育自主品牌，解决自主知识产权的载体缺位问题，推动价值竞争。④建立开放性的技术创新体系，解决自主创新的资源不足问题，以国家公共创新平台为基础，建立包括产学研、价值链、跨职能的技术创新体系。

国家层面，有研究学者结合我国发展的现实问题与创新型国家建设的目标导向，以及政府政策在国家创新体系建设中的作用，提出了系统化的国家自主创新建议。

①加强国家及行业科技发展规划，解决企业自主创新的方向性信息失调问题。②制定科学的产业支持政策，重点解决我国企业技术引进、技术合作、技术产业化的问题。③制定公平有效的市场竞争政策，以保护知识产权、公平竞争为核心，规范本土企业与外资企业间的公平性竞争问题。④积极推动公共创新平台建设，以创新过程服务、创新成果服务为中心，整合全国创新资源，以服务于我国本土企业自主创新。⑤制定与实施国际科技创新中心建设战略。⑥改变科技评价体系，提高科技创新的效率。⑦普及创新创业教育，改善我国创新创业环境。

二、数字化企业的开放式创新、合作创新与跨组织创新

（一）数字化企业的开放式创新

1. 开放式创新产生的背景

传统的创新观念认为，创新是企业的灵魂，只能由企业自己单独进行，从而保障技术保密和独享，进而在技术上保持领先地位。内部研发被认为是企业有价值的战略资产，是提升企业核心竞争力和维持竞争优势的关键。

技术和资金实力雄厚的大公司，如杜邦、IBM和AT&T等，雇用着世界上最具创造性的科技人才，给予他们优厚的待遇和完备的研发设施，投入高额的研发经费，进行大量的基础和应用研究。科技人员产生许多创造性思想和研究成果，企业内部独立开发这些研究成果，通过设计制造，形成新产品，通过自己的营销渠道进入市场，实现商业化，获得巨

额利润。接着，企业再投资于更多的内部研发，又进一步取得技术突破，形成创新的良性循环。

对于这种长期以来一直发挥着重要作用的模式，有学者称之为封闭式创新，其主要观点是成功的创新需要企业强有力的控制。公司必须有自己的创意，然后开发、研制新产品，接着，把产品推向市场，自己分销，提供服务和技术支持。技术垄断可以构建很高的行业进入壁垒，从而能够形成垄断地位。如果想要使强手让位，竞争对手就必须拿出足够的资源来建立自己的实验室。

但随着环境的快速变化，上述情况在20世纪末期逐渐出现了变化。一方面，尽管有发展前途的创意在不断地涌现，但是行业内部研究的效率较低，行业领先者的创新能力在不断下降。即使全球闻名的行业领导型企业如AT&T、西门子等，也发现研究与发展投资的回报率越来越低；另一方面，技术成果转移困难，一些辉煌的研究成果不适合现有的业务，大部分技术被搁置起来，突破性成果极少，更多的是渐进性创新。

然而，令人惊讶的是，一些被丢弃的项目，后来在其他公司发展成了颇有影响力的新产品。例如，许多从施乐公司PaloAlto研究中心溢出的技术后来变得很有价值，取得了巨大成功，却没能为其母公司带来利润。此外，原有的领先企业遇到了众多新兴企业的有力竞争。不可思议的是，这些新来者几乎不具备基础研究的能力，却具有很强的创新能力。它们善于利用不同的方式获得进入市场的新创意，在其他公司的研究成果的基础上进行创新。

以思科与朗讯为例，尽管思科和朗讯在同一产业中直接进行竞争，但是它们的创新方式截然不同。朗讯公司在脱离AT&T后，继承了贝尔实验室的大部分资产，继续对实验室进行巨额投入，探索研究新材料、高精尖的组件和系统，同时进行基础性研究，企图创造出更多新产品和服务。思科作为当时的一家新型企业，缺乏如同贝尔实验室的深层内部研发能力，然而，它在产品创新能力方面却与朗讯并驾齐驱，甚至在市场竞争中偶尔会打败朗讯。

思科并不采用内部研发的模式，无论公司需要什么技术，都从外部购买。它在世界范围内寻找合适的新创企业，参与或投资有前途的新创企业，其中一些新创企业是由退出朗讯公司后，AT&T的雇员创办的。利

用这种模式，思科保有世界上最优秀的产业研发机构的研发产出，而自己并不用做太多的内部研发工作。

在个人计算机硬件和软件市场中，IBM 在计算方面的技术几乎未对英特尔和微软设防。同样地，在短短的 20 年里，当诺基亚在其前 10 年的木质纸浆和胶靴的低端技术产业经验的基础上，全力进入无线电话的尖端领域时，摩托罗拉、西门子和其他工业巨人只能无奈地观望。

然而，封闭式创新模式受到了越来越多的挑战，多种因素共同瓦解了封闭式创新的基础。随着知识创造和扩散速度的加快、高级人才的广泛流动及风险资本的盛行，公司愈来愈难以控制其专有的创意和专业技能，这迫使企业加快新产品开发及商业化的速度。否则，研究人员可能会利用风险资本创业，自行开发他们的研究成果，并使之商业化，而不再像以前那样，在企业内部等待开发人员把他们的研究成果开发设计成新产品。如此一来，企业内部的知识和技术就会免费流动到企业外部，企业巨大的研发投入将不能产生任何价值，原有良性循环被打破。

在知识经济条件下，以前盛行的使许多企业获得竞争优势的封闭式创新范式已不再适用，而前述新创企业所采用的完全不同于封闭式创新的模式越来越受到人们的关注。

2. 数字化企业开放式创新的概念及其特点

2003 年，有学者提出了开放式创新（Open Innovation）的概念。开放式创新模式，指企业在技术创新过程中，同时利用内部和外部相互补充的创新资源实现创新，企业内部技术的商业化路径既可以从内部进行，也可以通过外部途径实现，是在创新链的各个阶段与多种合作伙伴、多角度的动态合作的一类创新模式。开放式创新模式把外部创意和外部市场化渠道的作用上升到和内部创意以及内部市场化渠道同等重要的地位。在开放式创新范式下，企业边界是可渗透的。创新思想主要来源于企业内部的研发部门或其他部门，但也可能来源于企业外部。企业内部的创新思想可能在研发的任何阶段通过知识流动、人员流动或专利权转让扩散到企业外部。有些不适合企业当前经营业务的研究项目可能会在新的市场显示出其巨大的价值，也可能通过外部途径使之商业化。公司不再固收知识财产，而是通过许可协议、短期合伙或其他形式，设法让其他公司利用这一技术，而自己从中获利。

实际上，国际上许多著名企业已经成功地通过开放式创新，取得了持续竞争优势。例如，宝洁公司通过“联发”（联系与开发）这一全新的创新模式，与世界各地的组织合作，向全球搜寻技术创新来源，实现了35%的创新思想来自公司外部的连接。从对“非此地发明”（Not Invent Here）的抵制态度转变成“骄傲地在别处发现”（Found There）的充满热情的欢迎的态度，宝洁成功地推动了持续的创新，保持创新活力。世界领先的制药企业默克公司，一直以来很重视内部研发投资，但该公司2000年度报告中指出：“在全世界的生物医学研究中，默克只占了1%。为了利用另外的99%，我们必须积极地与大学、研究机构和世界各地的企业联系，以便把最好的技术和最有发展前途的新产品引入默克。”苹果公司和IBM公司的创新模式也由封闭向开放转化，从外部资源里寻找最先进的技术，与内部技术有效整合，为用户提供有价值的解决方案。

开放式创新要求企业在开发以及项目控制的过程中，同步观察市场与技术的瞬时变化，使创新发展成为一种全局性、并行性甚至是灵机一动的有趣活动。

开放式创新是一种新兴创新模式，它改变了研发即创新的错误观点，改变了内部研发的封闭模式，提升了用户、供应商、风险资本家、知识产权工作者的地位，充分利用外部丰富的创新资源，构建创新的生态体系，实现了开放状态下的自主创新。技术创新的实现基于多个利益相关者的协同努力，这对我国企业的创新资源配置具有重要的意义。

有学者描述了开放式创新的基本特点：通过合作，让企业内部和外部的所有研发人员都为我们工作；外部研发可以创造巨大的价值，我们应当分享；我们并非靠自己的研究才能获利；建立一个能利用一切研究成果的模式，比仅仅把自己的产品推向市场更重要；如果我们能充分利用企业内部和外部所有好的创意，就一定会取得更多的成果；我们可以从别人使用我们的知识产权中获利，同时只要有利，我们也可以购买别人的知识产权。

开放式创新模式改变了“非此地发明”的思维，企业可以充分利用外界丰富的知识与技术资源，从外部寻找技术，以弥补内部创新资源的不足，将内部技术和外部技术整合起来，以创造新产品和新服务。在开放式创新模式下，外部知识作为内部知识的补充，发挥着和内部知识

同等重要的作用。同时，开放式创新克服了人们对“非此处销售”（Not Sold Here）的偏见，企业可以通过外部途径使内部技术商业化、研发回报最大化，开创了创造和获取价值的新途径。

封闭式创新和开放式创新的另一个重要差异是，公司如何甄别保护它们的创意。在任何一个研发过程中，研究人员及其管理者都必须将坏建议和好建议分开，采纳后者使之商业化，同时抛弃前者。封闭式创新和开放式创新都善于清除“假肯定”（False Positive），即初看起来有市场前景，但实际无市场价值的创意；开放式创新还能集中力量挽救“假否定”（False Negative），即因不适合公司现有商业模式，初看起来无市场前景但实际有潜在市场价值的项目。过多关注内部的公司易错过许多机会，因为有些技术成果适于在公司现有业务模式之外发展，或需要与外部技术结合来释放其潜能。

（二）数字化企业的合作创新

1. 企业合作创新的含义及特点

（1）企业合作创新的含义。企业间合作创新是指有意愿的企业为了共同面临不断变化的市场环境，以联盟企业的资源共享与优势互补为前提，以共同利益为基础，明确合作目的、期限、规则，在技术创新的某些环节或全过程进行合作研发的模式，它以技术契约为基础，以固定的创新组织为保障，按照事先约定的方式分担风险，分配收益。可以从以下四个方面进行进一步的理解。

①企业之间签订契约。参与合作创新的企业事先会签订契约，因为企业认为这样做的交易成本最少。

②企业之所以进行合作创新，是因为受到了条件的限制或者约束。在自身条件充分的情况下，企业倾向于自主创新；而在受到约束的条件下，企业则倾向于合作创新。

③企业间进行合作创新，一般是通过一定的组织形式来实现的，如战略联盟、知识联盟等。在本文中，统一为企业联盟。

④企业间进行合作创新，在契约中一般有明确的目的和期限。如果实现了目的，或者过了期限后，联盟就会解体。这对参与联盟的企业是一种约束。

（2）合作创新的特点，合作创新相对于自主创新、模仿创新，其最重要的特点就是资源共享性、优势互补性和风险分摊性。

①资源共享性。合作创新战略强调合作伙伴间的资源共享，即合作创新过程中所需的技术、人才、资金等创新资源以及创新成果的知识产权不是合作一方独有的，是所有合作方共同享有的。在合作过程中，利用合作各方的优势资源开展创新活动，可以极大地提高合作创新的效率，加速创新成果的转化。合作伙伴间的资源共享性是合作创新开展的前提，也是合作创新战略区别于自主创新战略、模仿创新战略的显著特点。在自主创新、模仿创新的过程中，所有的创新资源都是独占的，不与其他企业或个人分享。这也决定了自主创新和模仿创新资源的局限性。

②优势互补性。合作创新战略强调技术突破的优势互补性，即在创新过程中，合作各方基于各自的长处实现优势互补，在合作中，只需企业拥有某一方面专长的研究开发人员、技术或设备。优势互补，可以弥补合作各方在技术、人才或设备方面的不足，提高合作创新的效率。与合作创新不同，自主创新强调技术突破的内生性，即所有核心主导技术必须依靠企业自身积累的知识和能力支持，通过独立的研究开发活动而获得。模仿创新战略的核心技术是通过购买而来，因此，不存在前期技术开发问题，自然谈不上优势互补问题。

③风险分摊性。合作创新战略强调风险分摊性，即合作过程中所产生的风险不是由一个企业独立承担的，而是由合作各方分摊。合作创新对分摊创新风险的作用与创新的规模和内容有关。一般来说，创新项目越大，内容越复杂，风险越大，合作创新分摊风险的作用就越显著。而自主创新的风险是由创新企业独立承担的。模仿创新主要是通过购买获得核心技术，运用购买的技术进行创新，因此，在核心技术的开发上不存在风险问题。

2. 企业合作创新的优势及劣势

（1）企业合作创新的优势。合作创新作为创新的一种主要战略，相比自主创新和模仿创新，具有风险较小、技术和市场领先优势及更符合我国实际情况等方面的优势。

①合作创新相对于自主创新风险较小。自主创新最主要的特点是创新技术的内生性，为此，企业不但要投巨资于技术研究与开发，而且必

须保有实力雄厚的科研人员队伍，不断提高研究开发能力。因此，自主创新企业一般需要大批高素质、多学科的科技人员的通力协作和精良的研发设施，大量技术研发费用，同时需要大量的市场开发费用。而随着全球性的技术竞争不断加剧以及技术发展的不确定性，企业创新活动中面临的风险越来越大。新技术领域探索的不确定性，使得研究开发的成功率很低。据统计，在美国，基础性研究的成功率仅为5%，技术开发的成功率一般为50%左右。在应用研究中，有50%能获得技术上的成功，30%能获得商业上的成功，但只有12%能给企业带来利润。由于自主创新企业完全依靠自己的力量进行技术创新的研究开发和技术成果的转化，投入费用巨大，因此，一旦失败，企业将承担较大的资金损失，合作创新风险的分摊性，决定了合作创新更适合我国的中小企业。

②合作创新相对于模仿创新具有技术和市场的领先优势。虽然相较于自主创新，模仿创新和合作创新都具有风险小的优势。但是，模仿创新不具有技术和市场的领先性。在依靠科技取胜的今天，没有技术领先优势，就没有市场竞争优势。由于模仿创新者不做研究开发方面的前期探索，而是做先进技术的跟随者，因此，在技术方面只能被动地适应，在技术上容易受制于人，具有滞后性，模仿创新推出的产品总是晚于率先创新者的产品，难以在市场竞争中占据有利地位。而且，随着知识产权保护意识的不断加强、专利制度的不断完善，要获得先进技术越来越困难。一方面是自然壁垒，如核心技术的信息被封锁，反求困难，模仿创新难以进行，率先创新者建立的完备的营销网难以突破等；另一方面是法律保护壁垒。率先创新者会通过法律保护自身的利益，防止模仿创新的发生。而与模仿创新相比，合作创新通过在不同的合作主体间实现资源共享、优势互补，产生共生经济。所谓共生经济，是指独立的经济组织之间以同类资源或异类资源互补为目的形成的共生体，所导致的经济组织内部和外部的直接或间接的资源配置效率的改善。这种共生经济可以改善资源结构、缩短创新周期、扩大创新空间、降低交易成本，从而提高创新效率，率先推出新产品，从而获得市场领先优势，增强其竞争力。

③合作创新更符合我国实际情况。我国科技资源配置的情况，也决定了我国走合作创新之路比自主创新战略更有利于产业竞争优势的提升。根据科技综合统计年快报初步测算结果，2017年，我国研发经费投入总

量为 17 500 亿元，比上年增长 11.6%，增速较上年提高 1 个百分点。研发经费投入强度（研发经费与国内生产总值之比）为 2.12%，较上年提高 0.01 个百分点。每年投入的研发经费占国内生产总值的比重还很低，虽然呈逐年上升的趋势，但是，与发达国家相比还有很大差距。这种差距决定了我国只有实施合作创新，整合各方的优势资源，才更有利于创新的顺利开展。

（2）合作创新的劣势。由于合作创新是企业间或企业、研究机构、高等院校之间进行合作的过程，即在创新过程中有多个合作主体共同参与、合作分工，因此，企业在合作创新过程中，一方面会产生外部界面障碍，以致增加协调难度，影响创新的效果，降低创新效率；另一方面，合作创新存在信誉风险。这是因为合作创新是基于资源共享、优势互补的创新，一旦一方中途退出，将导致整个合作创新的失败。这两方面是合作创新相对于自主创新、模仿创新所存在的较大风险。

3. 合作创新的类型

根据合作创新的定义，企业、大学和研究机构是合作创新的主要参与者。从经济学角度看，企业是追求利润最大化的经济组织，大学和研究机构是提供科学知识等公共产品的非营利性组织。由于大学和研究机构在组织特征和社会功能方面的相似性，我们将它们归为一类，以大学作为代表。此外，政府与金融机构也可以是合作创新的主体、根据合作创新参与组织的不同，合作创新可以分为企业间合作型和企业—大学合作型、企业与政府合作型以及企业与金融机构合作型几种类型，而企业是合作创新的主体。

（1）企业间合作创新。企业是以实现利润最大化为目标的经济组织，不同的企业在资源禀赋、技术特点和产业发展阶段上表现出强烈的异质性。通过横向的技术联盟和研究开发合作，相关企业可以实现资源和技术的共享，分担创新成本和风险。企业间的合作创新是指企业与其他企业联合共同创新的模式。企业间的合作创新包括相关及支持产业之间的合作创新、竞争企业之间的合作创新。相关及支持产业之间的合作，如生产企业与销售企业之间的合作主要是合作开发市场，销售企业作为卖方，所提供的信息和需求情况往往是技术创新的创新源，有利于企业及时、准确地捕捉市场需求信息，提高创新的可行性。企业之间的合作创

新，通常有以下三种情况。

①优势加强型。拥有雄厚资源和技术实力的企业相互合作，以形成研究与开发的规模优势，或者分担研究开发成本、分散风险，这种情况在行业领先企业和跨国公司之间出现得较多，在高科技领域，强强联盟已经成为当前技术联盟的一大特色。例如，2016 年，微软与 IBM 达成了一项新的合作协议，IBM 将为微软 Surface 平板以及 Surface Book 笔记本开发新的商业应用，以吸引 IBM 的大型企业客户。全球大企业中许多都是 IBM 的客户，这些客户非常想要 Surface 这一事实对于微软的硬件业务而言是个好兆头，此举也有助于微软实现 Windows10 无处不在的愿景，可谓强强联手，共同获益。

②优势互补型。拥有不同稀缺资源（如资金、人才、渠道）和技术的企业基于共同利益，形成资源组合优势，共同进行创新。例如，在移动通信市场合作中，江苏移动的优势是对消费市场有深入了解，对客户需求把握准确，在众多的应用中找到了可以提升服务、强化管理的重量级应用；大唐微电子的优势是不但拥有雄厚的技术实力，而且技术实施能力强，可以在技术实现过程中进行业务的二次创新。江苏移动和大唐微电子凭借各自的独特优势，实现了紧密合作、优势互补。

③学习型。技术薄弱的企业与技术优势型企业合作完成创新的商业化，系统学习领先企业的技术、管理经验，同时，技术优势型企业也获得了技术以外的资源和能力，如市场和本地化。这种方式是新兴工业化国家和发展中国家企业常常采取的方式，如日本的汽车公司和韩国的半导体企业正是通过与西方跨国公司的合作创新，从而在相应的国际市场上迅速发展起来的。

（2）企业—大学合作创新。大学等研究机构被认为是生产和传播科学知识的非营利性组织，它们在科学研究方面拥有比较优势。企业与大学、科研院所之间的合作创新是目前学术界研究最多的一种合作创新方式。高校和科研院所一般具有巨大的人才、技术优势，但由于受到资金及生产条件的限制，其技术成果往往很难转化为现实的生产力；而企业虽然具有较强的生产和经济实力，但科技开发能力有限，缺少维持其生存和发展的技术创新实力。这就在企业和大学、科研机构之间产生了合作的动机，也为其相互之间的合作提供了广阔的天地。

创新是生产要素和生产条件的新组合，而科学技术与生产实践相结合是要素组合的一种具体表现形式。大量实践表明，企业—大学合作正是生产要素实现新组合的过程。通过企业与大学的合作创新，大学的高新技术资源流向企业，与企业的工程制造技术结合，实现了技术的新组合；大学的科技人员与企业的产品设计人员、工程技术人员、经营管理人员、市场营销人员相结合，实现了人才的新组合；大学所拥有的各种信息，如国内外最新科技动态、技术发明，与企业所掌握的生产过程、市场需求、政策法规等信息，通过企业—大学合作汇集到一起，实现了信息的新组合和有效利用；大学的研究开发能力与企业的工程制造能力、商业化能力相结合，实现了技术创新能力的新组合；企业与大学共同建设的新型技术实体，为技术创新活动提供了高效的组织形式，保证了合作创新所需的技术、人才、信息等资源的稳定供给和有效组合。

（3）企业与政府合作创新。与政府部门合作，这是合作创新中出现的一种新趋势，由政府支持企业创新。例如，2018 年 8 月，上海市政府与小米集团在沪签署战略合作框架协议。上海市积极贯彻落实党中央、国务院决策部署，制订发布了《全力打响“上海制造”品牌加快迈向全球卓越制造基地三年行动计划（2018—2020 年）》，大力发展先进制造业，推动互联网、大数据、人工智能和实体经济深度融合。小米集团在上海布局的金融科技、物联网和工业设计等，与上海产业和科技发展方向高度契合，希望通过进一步深化合作，推动创新资源集聚、创新技术突破、创新产品首发。双方将以此次签约为契机开展全面合作，共同打造上海消费电子产业生态链集聚区和创新产业新高地，助推上海建设具有全球影响力的科技创新中心。

（4）企业与金融机构合作创新。资金不足是企业在创新过程中面临最多的问题，金融机构一直是企业资金的重要来源，企业既可以通过银行进行间接融资，也可以通过投资银行在证券市场发行股票、债券进行直接融资。随着研究开发成本的日益增长，以及技术领域全球化的竞争，现代技术创新面临着前所未有的风险，这常常是很多企业无法单独承受的，风险投资机制的引入是解决这一问题的有效途径。当今许多世界著名高新技术企业，如 Intel、Dell、Microsoft 公司等，在其成长的初期几乎无一例外地得到风险投资的帮助。引入风险投资已经成为技术创新，尤

其是高新技术领域技术创新的必由之路。而投资银行作为风险投资的重要机构，与企业进行合作创新则有力地支撑了企业创新活动的开展，一方面，借助其广泛的市场渠道为企业技术创新融资；另一方面，利用其丰富的投资经验为企业的创新投资决策提出指导建议。在有些情况下，投资银行甚至还直接介入技术创新的投资。

（三）数字化企业的跨组织创新

网络组织是基于信息技术，由专业化联合的资产、共享的过程控制和共同集体目的等要素构成，通过活性节点的网络链接，能够获得某种长期竞争优势的有机组织系统。网络创新模式与前述几种创新模式相比，存在着本质上的区别。它是完全开放式的，没有一个明确的边界。这种创新模式的代表是软件领域的开放源代码软件或自由软件（Open Source Software，OSS）的开发模式，如 Linux 和 Java 软件平台的开发。

1991 年，芬兰赫尔辛基大学毕业生 Linus Torvalds 将自己编写的第一套 Linux 程序发布到互联网上，由此揭开了开放源代码软件的发展序幕。Linux 开放其技术标准，使得全球对 Linux 技术感兴趣的研发人员都可以在其研究成果的基础上参与软件的开发、修改和创新，形成了一个全球 Linux 技术开发网络，在互联网上汇集其数百万人才的力量。这种方式有效地促进了 Linux 的发展，造就了足以与微软抗衡的软件巨人。

Raymond 最早运用了“集市”（Bazaar）这一词语来描述开放源代码软件的组织特征。他认为，开放源代码软件组织是分散的、以民主方式发展的组织结构，更像是“一个巨大的、有各种不同议程和方法的乱哄哄的集市”。网络组织边界是相当松散的，不具备高度的严格性，缺乏稳定性和可靠性，但具有很强的生命力。借助于全球化的信息网络，企业组织可以利用不同地域的资源，整个企业组织在运作过程中随时可能根据需要组成新的团队或解散某些团队，也会与外部企业组成联盟。

目前，网络组织模式的应用主要集中于软件开发领域，其商业模式还不十分明朗；但已有证据显示，这种模式已经对其他一些传统行业产生影响，如电影等娱乐业和报纸等媒体。

第四节　数字化企业创新管理的发展趋势

一、数字化企业创新网络

（一）企业创新网络的概念及特征

1.企业创新网络的概念

企业创新网络是由企业创新活动所形成的网络，即在技术创新过程中，围绕企业形成的各种正式与非正式合作关系的总体结构。企业创新网络是通过契约关系，或在反复交易的基础上，以及应用互联网信息技术手段与外部组织机构建立的彼此信任、长期合作、互惠互利的各种合作制度的集合。它既可以规避高额的市场交易费用，又可以避免较高的组织成本。网络化的合作是企业的一种合理选择，是创新组织形式的变革，是解决快速多变市场环境下技术创新问题的一种最佳模式。

企业和大学、科研院所和政府等各个不同行为主体间的有效互动、相互磨合，促进企业和各个行为主体向有效协作的方向发展，形成了企业创新网络。在这个网络中，资源、技术、知识等创新要素流动频繁；企业和各行为主体在相互作用、相互激发中得到良好组合和有效运行，各尽所能，各得其所，取得了“整体大于局部之和”的效果。在企业创新网络中，创新往往发生在网络节点上。企业联系的节点越多，创新能力则越强。网络的节点既可以是网络中的一个组织单元，如研究机构、大学或政府部门，也可以是组织单元之间通过交流而产生的具有进一步扩散价值和作用的事物和行为，如交流中迸发的新思想、合作研究的新成果等。交流在把节点连成网络时，又会产生新的节点。节点密度越大，交流机遇则越多，越频繁；交流越频繁，节点则越多；节点越多，创新机遇越多，创新能力则越强。硅谷企业创新活动的成功，取决于它所形成的独一无二的创新网络。在创新网络中，人们相互联系，发生协同，最大程度上实现资源共享，并且使商业竞争的推动力转化为通过合作进行技术创新的渴望。在硅谷，从创新设计到产品研制、投入市场，形成了一个又一个创新链，使众多的企业之间、研发与生产机构之间形成了纵横交错的创新网络。由于创新网络不断向高级演化，协同作用的效果

不断提高，因此，硅谷的各种操作更加专门化。这是硅谷新一轮创新的源泉，从而使硅谷在竞争中遥遥领先。

2. 企业创新网络的特征

企业创新网络的特征归纳起来主要有动态性、开放性、互补性和非中心化等四个方面。

（1）动态性特征。由于企业创新网络链接的各个行为主体及其相互之间的网络联系随时都在发生变化，网络中流动的生产要素以及知识、信息等也在不断更新，因此，可以说，企业创新网络的培育与形成本质上是一个发展变化的过程。一是企业的外部技术或者市场环境具有不确定性和不可预测性的特点，当外部环境变化时，企业创新网络就会随之发生变化。二是企业所在区域内企业的不断诞生、破产或者被兼并，区域内企业的迁入迁出，企业的供应商和客商也在不断变化，于是，网络中的各种联系也随之发生变化。三是企业创新网络中的其他节点（中介机构、大学研究院所、金融机构等）与企业的联系也会发生改变。

（2）开放性特征。企业与其他各个行为主体因为相互作用而联结，相互协作而构建，但是，各个行为主体之间的联结不仅仅局限于本地，特别是企业集聚区内的企业不会满足于企业集聚区内的网络，而是在区外寻找更多的伙伴，不断扩展外部的创新网络（如战略联盟、研发合作或者分包创新等），通过劳动力、技术、资金和信息等生产要素的流动和交换，从而获得远距离的知识和互补性的资源，并不断向外部开辟新的市场。所以，企业创新网络在与外部连接的过程中，呈现出开放性的特点。另外，开放性特征还表现为企业对网络联系的自主控制，即自主决定网络联系的建立与中断、加强与减弱。

（3）互补性特征。企业创新网络关系并不只是指企业与外部组织间的市场交换关系，还包括各个成员之间的创新要素互补关系。每个成员都拥有自己的特定优势，并根据这种优势在网络中确立其相应的地位，通过各组织间各个行为主体的优势互补，可以有效降低交易成本，产生“1+1>2”的协同效应。

（4）非中心化特征。企业创新网络还呈现出非中心化特征，与等级组织模式中生产要素的单向流动不同，企业创新网络各行为主体之间无论规模大小、功能强弱，都能够通过网络化的形式在平等的基础上实现合作或者互补性资源的交换或交流，从而更好地处理伙伴之间的关系，以确保较少的知识、信息遗漏或失真。企业周围没有具有完全控制力的行为主体，产业链上的供应商和客商之间，在长期合作过程中建立的信任基础支撑了彼此之间的柔性合作关系。企业与其他企业之间既处于平等位置，又属于各自独立的经济单元，彼此之间在交流和合作过程中，减少了信息传递的障碍，大大加快了知识、信息等资源的流速。各行为主体之间利用非中心松散的网络链接，在有效地传递知识、技术的同时，也可以通过网络化协作化解市场竞争和创新失败的风险。

（二）企业创新网络的结构

一个网络包括网络的组成要素与要素间的联系。网络组成要素可由结点表示，要素间的联系可由联结节点的边来表示，两者的不同组合形式，形成了不同的网络结构形态。而“系统”的关系，行动者之间的“关系模式”或“网络结构”怎样影响个体行为或系统整体性质，行动者反过来又如何影响结构成为研究的重要内容。

1. 节点是网络存在的前提

创新网络节点表示企业、大学、科研院所、中介机构、金融机构、政府等。研究主要探讨各节点对于网络整体创新的作用。

（1）企业与其他节点间的链接是资源、知识、技术的双向流动。当然，企业与任一节点之间的流量都有大有小、有强有弱。

（2）与政府、金融机构、中介机构、大学及科研院所的联系错综复杂，所以许许多多的企业创新网络最终连接起来形成了区域创新网络，大而广之，形成全球创新网络。

（3）网络中的关系表现为相互往来的平等性。网络中的各行为主体应均为独立的法人实体，它们相互之间的往来不是由行政关系所决定的，而是遵循自愿互利的原则，为彼此的优势互补和利益合作所驱动。各方始终拥有自己独立的决策权，合作过程是双方达成一致的结果。

（4）企业创新网络合作关系重复博弈的特点表现出长期性。网络关系并不是组织之间的一次性交易关系，而是一个充满活力的长期稳定的合作体，因此，企业参与网络的目标不应在于获取一时的短期利益，而是希望通过持续的合作，增强自身的竞争能力，以实现长远收益的最大化。

2. 对企业创新网络各个行为主体的分析

（1）企业。企业是创新投入、创新活动和收益的主体。企业与企业之间存在着极为广泛的网络联系。企业间的战略联盟通过优势互补，可以缩短产品开发周期，分散技术开发和市场、财务风险，通过信息交互与组织学习提升企业的竞争力。

（2）大学与科研院所。大学与科研院所是科研与创新的重要源头。企业与大学、科研院所合作不但可获得大学与科研院所的先进技术成果，而且可以促进大学、科研院所成果的商品化、研究的市场化。尤其是在我国企业自主开发能力低、大学与科研院所成果转化不力的情况下，产学研合作有着重要意义和巨大价值；同时，产学研结合也是我国强调的一项重要的科技政策。

（3）政府。政府不仅是创新过程的主要参与者，还是创新活动的推动者。在许多国家，政府对企业创新的推动作用十分重大。政府通过引导、激励、保护和协调等方式影响着企业创新的整个过程。在政府介入企业创新的过程中，发达国家与发展中国家相比，发达国家普遍以间接方式介入，而发展中国家以直接方式介入较多。

（4）资本市场。企业创新活动离不开资金支持，创新只有同资本结合才能成功。如今，创新活动需要的资金越来越多，企业在资本市场的融资能力对其创新活动影响巨大。造成我国科技与经济长期分离的一个重要原因，是我国资本市场的不完善和其介入创新活动的乏力；同时，企业与资本市场结合一直未能找到有效的渠道。

（5）中介机构。中介机构是沟通企业与其他组织间知识流动的关键环节。中介机构的完善与活跃，对企业创新活动具有积极影响。

（三）企业创新网络的联结形式

1. 企业与企业的联结

企业间网络联结的主要方式为战略联盟。所谓战略联盟，是指一家企业为实现自己的战略目标，与其他企业在共同利益基础上形成的一种优势互补、分工协作、非股权型的网络式联盟。战略联盟具有合作对象广泛、合作方式虚拟化、合作领域广阔、合作形式多样、灵活性与适应性强等特点。战略联盟近年来已成为企业扩张的一种重要方式，突出表现为西方跨国公司在国际经营中的普遍运用。企业通过缔结战略联盟广泛开展经营合作，迅速推进自身发展，一方面可提高企业资源的使用效率；另一方面，又可节约企业在可获得资源方面的新投入，从而降低企业的进入与退出壁垒，提高企业的战略灵活性。

从合作对象上看，企业间的联结有三种类型。

（1）前向联结。这是企业与购买厂商联结。这种联结是将传统与对用户的单纯买卖关系转变为企业的合作伙伴和企业创新网络中的有效资源。这一方面要全方位地为用户提供产品服务；另一方面要从用户那里获取信息和知识，寻求双方共同发展。例如，在移动通信智能卡行业，大唐微电子通过与运营商的产业合作创新，树立了业内技术领军企业的形象。这种形象的建立，是大规模市场开拓的基础。

（2）后向联结。这是企业与供应商联结。供应商与企业技术关联比较紧密，双方合作更利于企业创新能力的提高，使企业产品更具竞争力。例如，日本丰田公司在制造汽车方面与近一万家各种各样的专业原料厂、零部件厂保持着紧密的网络关系。

（3）同位联结。主要是企业与有互补关系的厂商合作。例如，2014年，苹果公司和IBM开始达成战略合作关系，“合则双赢”这句话在这两家厂商的身上得到了充分体现。IBM大量部署了苹果设备，降低了成本，同时与苹果合作开发企业级应用，促进了苹果设备在企业中的普及程度。苹果和IBM计划针对特定企业至少开发100款移动应用。双方通过合作所产生的影响持续加强。

2. 企业与大学、科研机构的联结

这种联结就是我们所说的产学研合作创新。产学研合作创新有以下方式。

（1）工程项目方式。大学、科研院所承担企业工程项目及引进技术、引进设备的消化、吸收、创新改造任务。产学研之间就项目成立课题组，大学、科研院所提供技术，企业提供资金、设备等。这是产学研合作中最为普遍的一种方式。

（2）产学研联合体。企业与大学、科研院所组成各种产学研联合体。这种联合体一般是教学、科研、生产联合体，如一般联合体根据协议，设置管理委员会，由双方及有关部门人员组成。按签订的协议，明确规

定双方义务与权利，大学、科研院所为企业培训人员提供科研成果。企业向大学、科研院所提供科研经费，提供研究试验场地，联合开发的科技成果双方共享等。

（3）中试、中心方式。企业与大学、科研院所共同承担国家科研课题，共建中试基地，共建国家级、省部级或企业工程技术中心等。例如，2015 年底，依托北京东方雨虹防水技术股份有限公司，科技部批准建设特种功能防水材料国家重点实验室。负责人段文锋把研发中心人员一分为二：一部分继续跟进市场进行研发，另一部分则到实验室进行基础研究。企业、国家重点实验室平台，筛选出最切合需求的团队，进行联合研究，可以快速取得成果，更快地提升行业水平，为行业、国家解决技术问题，合作双方的荣誉感也更强。

（4）学院方式。企业与大学、科研院所联合培养技术、管理人才，以及建立定期的人员交流、技术咨询制度等。

3. 企业与政府的联结

科学技术是综合国力的重要组成部分，推动本国企业进行技术创新、提升企业国际竞争力是各国政府的一项战略措施。企业与政府部门合作，表现为政府积极参与推动企业的创新活动，如实行优惠政策，提供科研经费与技术、信息等。政府在宏观层面通过计划、政策、法规三个方面来引导、激励、保护、协调、组织企业的创新活动。政府介入企业创新活动的方式与程度因各国的历史文化、制度与经济科技发展水平的不同而不同。例如，1990 年，美国政府的先进技术计划（ATP 计划）就是专门支持企业与大学、研究院所而形成的高技术研发联合体，以达到保持美国高技术竞争力的目的。1990 年以来，韩国政府制订了知识密集产业部门发展五年计划、新技术事业计划等一系列计划。改革开放以来，我国政府制订和实施了“星火计划”“863 计划”“科技攻关计划”“火炬计划”、企业技术创新工程等，有力地促进了我国企业的技术创新能力提升和高技术产业的形成和发展。

4. 企业与资本市场的联结

企业从事技术创新既有潜在的高收益，也存在着较大的风险。对于抗风险能力低的高技术企业，资金获取更是决定其生死存亡的关键因素。因此，企业与资本市场建立联结与形成有效的融资渠道至关重要。这一方面有赖于资本市场的成熟与完善，另一方面有赖于企业自身创新水平的提高以及融资策略和能力的加强。资本市场主要是通过调整货币供给来引导参与企业的创新活动。资本市场对企业创新支持的形式有：为促进企业创新提供长期的低息政策贷款，为寻求新技术产品的使用者提供金融支持，向风险企业家提供风险资本等。由于以银行为代表的传统融资机构不敢也不愿涉足风险领域，因此，企业高技术创新活动以及高技术小企业获取资金的渠道极为有限，对于资本市场不发达的我国来说，资本对高技术企业的瓶颈作用更是紧迫。风险资本与企业结合不但给企业带来了资金，而且给企业带来了发展所需的市场、管理等各方面的网络资源。

5.企业与中介机构的联结。

中介机构包括行业协会、技术市场、各级信息中心、咨询机构、产学研协调办公室等。中介机构在各创新主体间沟通联络，以促进各组织机构的信息共享，改善创新活动的环境，从而扩大企业创新空间，为企业提供更多的创新机遇，提高企业创新的质量，使企业获得更多收益。企业与中介机构联结的方式有很多种，如以会员身份加入中介机构，建立与中介机构定期沟通制度，请中介组织为企业咨询等。与国外相比，我国中介机构不发达，从业人员素质低，企业与中介机构的对接不太理想，这在一定程度上影响了我国企业的创新活动。

（四）企业创新网络的功能

1.知识创造与转移视角

通常，知识分为显性知识和隐性知识。显性知识高度编码化，如在计划书、配方、手册中或以培训形式体现；隐性知识缺乏详细编码，很难被完全消化吸收，需通过“干中学”，在不同情景下进行“试错”学习。企业网络是获得技术知识、提高创新能力的有效机制，创新过程包含从知识创造到知识转移的全过程。知识作为企业重要的生产性要素，对创新起着重要作用。作为研发和创新活动的产出，知识通常在一定程度上表现为公共物品，即一个企业产生的技术性知识不能完全被开发该知识的企业独占，这意味着该技术性知识能够被其他企业免费或低成本复制，而网络则为推动知识创造与知识转移提供了条件。一方面，网络的主要功能是创造知识，组织通过知识交流与整合实现创新。创新网络对于知

识创造有着显著影响，嵌入于网络联盟呈现高聚类性与高接近性的企业具有更好的知识产出。另一方面，知识转移作用处于网络结构的中心地位。其一，信息通过网络进行交换，强调在创新的劳动分工中互补性资产的重要性。其二，知识转移发生在网络里现有信息以一种新的方式重组的时候。

由此可见，各种形式的网络为处于网络中的参与主体进行知识转移和知识搜索提供了一个相对有保障的平台，网络联结关系使得网络内成员间的知识转移较外部网络成员更为便利和有效，从而可以达到占用网络资源进行知识转移和学习的目的，也为新知识的产生提供了保障。

2. 能力提升视角

在网络化、开放化背景下，企业倾向于扩展网络实现协作创新，通过战略网络“在有独特性但又相互联系的组织间进行长期的、有目的的组织安排，使网络内的组织获得或保持竞争优势”。网络内其他节点的“核心能力”或“核心资源”，与本企业的核心能力整合在一起，能最大限度地发挥企业核心能力的杠杆作用，改善企业运作效率，培育企业持续发展能力。从不同主题出发，研究者对网络结构特征与治理、企业间联结、创新要素协同与能力提升等多个方面进行了研究。从企业微观个体层面看网络中的个体行为，可以发现企业嵌入网络以及创新能力、网络能力等提升的机制等，不同网络关系对处于网络联盟企业创新能力的影响，知识密集型战略联盟企业提升能力的核心在于整合大量的网络成员异质性弱联系与核心成员的强联系。不同社会网络结构促进了不同知识管理行为，进而影响不同阶段的创新激励，最终提升了企业的竞争能力。

二、数字化企业的创新生态系统

创新生态系统理论不仅分析企业内部创新资源的协同共生，还关注创新过程中用户的角色、应用的价值、协同的内涵和大众的力量，更重要的是，它将创新环境的不确定性、复杂性和模糊性纳入创新的变量研究。创新生态系统理论超越了现有的市场理论和组织理论，实现了由静态、工程式、机械式的创新系统向动态、生态化、有机式的创新生态系统范式的转变。

（一）企业创新生态理论的起源与发展脉络

1977年，Hannan和Freeman最早运用生态学原理研究人类组织特征问题。随后，Moore于1993年首次将“生态系统”原理引进商业领域，指出企业生态系统是由顾客、供应商和主体制造厂商等利益相关组织或群体构成的动态结构系统。该系统以核心企业为中心，主体企业在技术创新、物质、能量和信息等方面不断交流并互相作用。其中，核心企业是指在系统中发挥主导作用、管理整个系统的企业。企业生态系统概念的提出体现了研究范式的转变，即从关注创新系统内的要素组成转向关注要素间的动态关系、系统与所处环境间的能量交换过程。

创新生态系统的思想来源于生态科学。英国生物学家Tansley首先提出生态系统概念，并以此统一植物群落的诸多术语，提出生态系统是“特定区域内，多种生物之间进化、竞争、捕食和共生形成的社区或集合”。随着知识经济和全球化的到来，一些经济管理和社会学领域的学者开始尝试借鉴生态系统概念来解释组织内部和组织之间的相互竞争、依存共赢，以及繁衍演化。概括起来，与创新相关的生态系统理论研究领域主要有3种研究范式。

1.网络视角的创新生态系统构建

Thorelli最早将创新生态系统看作一个区别于科层和市场的网络构想。根据这个思路，Freeman提出创新网络的概念。他认为，创新网络是构建创新系统的制度安排，正是企业在创新过程中的联网行为，导致企业间形成了类似于自然界的生物合作关系。Jeremy和John则更重视地理环境因素对创新网络的影响，毕竟“知识在走廊和街道之间传播要比跨越海洋和洲际容易得多”。Ncmaka和Takeuchi认为创新网络是隐性知识和显性知识的转化系统，他们描述了从知识概念到知识产品的创新过程，创立了知识创造螺旋模型。

2.演化经济学视角的创新生态系统演进

“创新生态系统”概念的提出，突出了创新系统的动态演化性。相对于古典经济学的静态均衡分析，演化经济学从历史的不可逆视角观察经济现象，它研究开放的系统，关注变革、学习和创造。有学者从技术与创新系统的互动角度来研究技术演化的一般轨迹，提出技术与经济共生

发展的观点。美国国家科学院技术创新与创业项目主任威斯纳（Wiesner）在《美国创新系统的总貌》中指出，创新系统中行动者之间的交互作用时刻处于动态演变中，因此，必须改变“国家创新系统是历史和文化产物”的传统观念。梅亮等人将创新生态系统的演化总结为四种机制：遗传、变异、衍生和选择。

3.战略管理视角的创新生态系统政策制定

战略管理的核心问题是组织的竞争优势和生命周期。基于这种视角，学者们开始关注各类创新系统的兴盛衰败和相应的创新政策。Chesbimigh提出开放式创新可以看作创新生态系统的战略主导模式。MarcoIansiti 和 RoyLevien 分析了生态系统的动态能力对微软和沃尔玛创新发展的积极影响，提出了商业生态系统的概念并进行分类。Huang 和 Chou 强调要在创新生态系统内部充分利用技术并购和技术交易，快速进行产品研发和商业化推广，实现跨组织竞争优势和系统治理。

（二）创新生态系统的含义与特征

1.创新生态系统的含义

创新生态系统的概念是美国竞争力委员会于 2004 年提出来的。许多研究组织、学者从不同角度围绕创新生态系统展开讨论，试图对其进行明确的界定，但至今没能得出一个得到广泛认可的定义。目前，对创新生态系统的研究大多处于微观层面。

对于创新生态系统尚未形成统一的界定，学者们从微观、中观和宏观等不同层次及结构、要素、功能等不同角度理解创新生态系统。Iansiti 和 Levien 认为，生态是由供应商、分销商和外包商、相关产品和服务的制造者、相关技术的提供者及其他对企业提供产品的创造和传递产生影响或被其影响的组织构成的松散网络。国内学者慧兴杰等将创新生态系统看作一个由大量相互联系、相互作用、具有主动性的主体构成的复杂系统。李万等认为，创新生态系统是指一个区间内各种创新群落之间及创新环境之间，通过物质流、能量流、信息流的连接与传导，形成的共生竞合、动态演化的复杂开放系统。柳卸林等认为，创新生态系统是指在促进创新实现的环境下，创新主体基于共同愿景和目标，通过协同和整合生态中的创新资源，搭建创新通道和平台，共同构建以“共赢”为目的的创新网络。据此，本文认为，创新生态系统是指围绕在一个或多个核心企业或平台周围，包含生产方和需求方在内的多方主体与外部环境相互联系、共同进化，实现价值共创和利益共享的创新网络。

2. 创新生态系统的特征

（1）共生性。相对于共赢，共生是指超越了市场交易的一种合作关系。自然界中共生的生物是生理上相互分工、互换生命活动的产物，并在组织上形成了新的结构。创新生态系统与专性共生非常相似，系统内没有多余的组织，每个组织都需要借助与其他组织的共生关系来维系生命。共生性产生的网络效应远大于规模经济和范围经济，创新生态系统的创新绩效往往非常高。

（2）增值性。与自然生态系统不同的是，创新生态系统具有较高的增值能力。无论是新的商业模式，还是技术平台模式，都带来了足够大的差异化，为顾客的偏好提供了产品或服务，使顾客愿意为支持这一偏好付出额外的费用。创新生态系统的增值性中和了对手的竞争优势，提高了自身的盈利能力，是系统内的组织共同体赖以生存并共同进化的前提。

（3）稳定性。创新生态系统一旦形成，就会引领某种技术路线、消费趋势甚至文化倾向，逐渐显示出系统的独立性和稳定性。稳定性是把“双刃剑”，创新个体对系统的依赖关系会形成“锁定”，使得创新生态系统在稳定发展和灵活转型之间难以取舍，所以稳定性对系统而言，既是一种机遇，又是一种挑战。

（三）企业创新生态系统的结构

从企业的创新商业生态环境出发，企业创新生态系统以核心企业为中心，并包括所有利益相关者（如供应商、分销商、研发机构、竞争对手、顾客、监管机构和媒体等）。从企业间技术协同的角度出发，企业创新生态系统是以技术标准为桥梁，各企业通过技术互补性协作来实现技术创新的创新体系。刘志耘将企业战略创新生态系统分为核心层、协作层和价值实现层。孙冰和周大铭将企业技术创新生态系统分为核心企业层、技术研发与产品应用层以及创新环境与创新平台层。

现在，创新已经很难依靠一个企业独立完成，各创新要素的协作至

关重要，不同的企业、组织联合起来，利用自身的比较优势，进行合作创新，从而达到双赢甚至多赢。我们认为，创新生态系统是在一定时间和一定空间内，以核心企业为中心，以创新链为创新的延伸基础，以创新环境为依托，通过创新物质和信息的流通，实现创新资源共享、创新过程协作、创新成果交流的动态平衡系统。

1.核心企业

核心企业处于整个创新生态系统的中心位置，它决定着系统内部资源的流动以及战略的实施，是创新系统必不可少的一部分。过去，一个企业要实现自身的技术创新往往依靠自己的研究人员，但是随着经济的发展，现代企业创新所依赖的资源是全方位的，需要各类要素相互协调，形成技术的创新网络。随着各企业组织联系的日益紧密，这个创新网络不断延伸扩展，逐渐形成了以核心企业为中心的创新生态系统。核心企业在创新生态系统中的核心作用体现在以下两个方面。

（1）核心企业自身具有极强的创新能力。核心企业本身必须具有极强的创新研发能力，具备难以被模仿的技术，是整个系统内部创新发展方向的“指路人”、风向标。它要敏锐地洞察行业的前沿动向，支持相关正确的创新技术产品，并逐渐淘汰生产不符合要求产品的企业。这类似于自然界生态系统中的优胜劣汰。例如，硅谷拥有英特尔、惠普、苹果等大公司，这些公司代表了自己所处领域的顶尖技术水平。其中，英特尔公司生产的微处理器为计算机和互联网带来了革命，改变了世界；惠普则在打印及成像领域和IT服务领域都处于领先地位；苹果公司主要致力于手机和电脑的研发，它的操作系统革命性地改变了部分人的行为习惯。

（2）核心企业可以选择并影响其他企业组织。由于核心企业掌握了核心技术，因此，它可以制定技术标准，吸引并鼓励相关企业据此创新，产生一系列与此配套的新技术。也就是说，核心企业所发明的核心技术通常需要其他载体来帮助其实现功能。为了适应新技术，技术载体通常也需要发明创新。当新技术、新设备被多数人接受时，旧的技术与设备将面临淘汰。如果企业没有意识到技术革命的到来，那么，面临淘汰的就是企业。

2.创新链

创新链是围绕核心技术，基于技术配套的创新体系。配套技术既包含上下游互补的纵向配套技术，也包含基于同一技术环节的横向配套技术。随着产品的复杂程度日益提高，产品的技术创新从新产品概念的提供、技术研发、产品设计到产品生产等各个环节，很难找到一种产品是完全由一家公司独立生产且全部提供的。绝大多数产品的创新过程都需要企业与其他企业、大学、科研院所合作，组成技术创新链，共同进行新产品的开发。技术创新链的形成有多种原因。首先，技术创新链的形成源于企业自身所拥有的和能够开发的技术知识的有限性。其次，技术创新链的形成源于现代产品的互补性、功能多样性以及产品之间的兼容互通性。最后，企业组织通过加入技术创新链，可以获得技术创新的速度经济效应，并由此获得竞争优势。创新链上分布着不同的组织机构，它们在创新链的各个环节都担任着不同的重要角色。

（1）高等院校特别是研究型大学在创新链中担当着重要角色。研究型大学作为创新主体的必要组成部分，在企业主导的产业技术创新中，应当更加关注基础研究和关键应用研究，兼顾未来技术应用的前瞻性。同时，大学应当专注于人才培养，为增强本地创新能力夯实智力基础。

（2）科研机构在创新研究上与研究型大学有着很大的不同。大学的教育用来培养学生的创新意识，开拓其创新思维，主要是学生自主创新；研究机构则强调科研人员创新的目的性，并且要求创新成果具有产业化的可实现度，不能仅是纸上谈兵。

（3）作为创新生态体系的重要组成部分，中介机构在创新链中的地位取决于对自身资源的利用程度和对环境的适应性。此类组织的最大功能体现在信息沟通和桥梁中介上，据此可以分为两类：集群代理机构种群和公共服务机构种群。其中，集群代理机构又可分为行业协会、企业家协会和技术交流协会等创新服务组织。公共服务机构由技术交易机构、资金供给机构、人才中介等构成。中介机构的主要作用是促进创新主体间的沟通与联系，其自身也进行创新，但创新的目的是更好地辅助其他种群的活动。创新行为主体由于受各种因素制约，因此，存在沟通障碍。这就造成了信息流动的困难，信息上的不完全性必然导致创新效率的下降。中介组织的出现可以减少交易费用，降低创新风险和创新成本。

（4）系统内配套的其他企业。这些企业分布在创新链的各个环节。一个系统内仅仅存在一个或几个核心企业无法保持系统稳定并持续发展，

配套企业的作用在于辅助核心企业进行技术的研发和创新。核心企业由于受成本和资源等的约束，不能够包揽所有的创新工作，这时，就需要其他企业进行辅助。配套企业在自身内部进行创新的同时，要为核心企业提供自身擅长的技术支持。

3. 创新环境

创新环境是指创新元素、创新单元、创新种群所处的具体创新环境，可分为三个层次：最内层为企业所处的内部环境，中间层是企业所处的创新生态系统环境，最外层为创新生态系统所处的大环境。企业所处的内部环境包括企业家的自我创新意识、企业文化以及工作环境。企业家的自我创新意识往往与其成长环境、所受教育以及之前的工作经历等有关；企业文化与创业团队或管理团队对整个企业的定位及设定的文化基调有关，灵活的工作时间与融洽的人际关系都对员工创新很有帮助；良好的工作环境往往能激发工作人员的创意、灵感。企业所处的创新生态系统环境既是企业的外部环境，又是系统的内部环境。

这种环境包括政府服务部门、创新基础设施和创新人文环境。政府服务部门由相关政府组织及其政策法规等组成，主要作用是引导、协调和规范各创新主体间的创新行为，使之健康有序地运作。创新基础设施主要由道路、港口、通信、水电等工业基础设施和公共实验室、公共图书馆、科研数据信息资源中心等研发型基础设施组成。创新人文环境属于软环境，它能够鼓励系统内的企业间形成创新联盟，促使企业之间共享技术创造，但不将技术信息流出合作圈之外，同时能够保证创新行为的可持续性和效能。创新生态系统所处的大环境是指对系统创新活动有直接或间接影响的外部环境要素的总和。它主要包括外部政治法律环境、外部经济环境、外部科技环境和外部社会人文环境。外部环境是由政府和市场联合营造的企业机构创新氛围，政府制定的相关政策可以引导创新，市场则选择经过考验且具备生存能力的创新方案。

第六章　基于大数据的政府智慧治理

第一节　大数据下的数字经济风险

在当前全球经济的背景下，数字经济成为变局的突破口，数字技术、数字服务和数字产业发挥了重要作用，催生了各种新模式与新应用。当前，数字经济已成为全球经济发展的新动能。

数字经济在蓬勃发展的同时，也带来了许多风险。世界经济论坛发布的《2020 年全球风险报告》预测了未来各种可能性最高和影响最大的风险，其中，大规模网络攻击、数据诈骗或数据盗窃、关键信息基础设施故障、技术进步的负面影响等数字风险依然是世界各国和组织最为关注的问题。国际信息系统审计协会（ISACA）开展联合调查并发布研究报告《2020 年企业风险管理状况报告》，把网络安全列为企业头号风险。

除此之外，数字经济时代下虚拟货币面临的黑客风险、信用风险、成本风险也亟待处理。

一、数字经济时代网络安全面临的风险

（一）数字经济发展过程中网络安全事件频发

1. 数据集聚开发致使大量数据安全事件出现

随着数字经济在我国逐渐成为国民经济新的增长点，高危漏洞、网

络攻击、安全威胁越发频繁，且日益增多。这些风险除了严重地威胁着基础设施外，金融、能源领域也面临重灾威胁。相关数据显示，2011—2014 年，全球分布式拒绝服务（DDoS）攻击量增加了 30 倍以上，DDoS 攻击是形形色色网络攻击中极具破坏力的一种。全球各种网络犯罪造成每年高达 4000 亿美元的经济损失。其中，网络安全给物联网发展带来了前所未有的挑战，病毒侵袭致使中国大量考生信息泄露，攻击了多个招生考试院的网站。仅 2018 年全球数据泄露就超过 6500 起，其中有 12 起涉及人数超过 1 亿。数据、隐私泄露是数据集聚开发应用的突出风险，背后隐患很大。因此，如何保障数据在获取、处理、使用等过程中的安全，成为需要解决的紧迫问题。2017 年《中华人民共和国网络安全法》正式实施之后，网络攻击行为已经列入法律，实施网络攻击的组织和个人将被依法追究法律责任。

2. 网络边界风险肆意导致网络安全泄露频发

CNCERT 监测发现，2017 年境内外约 2.4 万个 IP 地址对我国境内 2.9 万余个网站植入后门，其中，约有 2.1 万个属于境外 IP 地址。2017 年全年发现超过 245 万起境外针对我国联网工控系统和设备的恶意嗅探事件，我国境内 4772 个联网工控系统或设备型号、参数等数据信息遭泄露。同时，2017 年在 CNVD 工业控制系统漏洞库中，新增高危漏洞 207 个，占该子漏洞库新增数量的 55.1%。在对电力、燃气、供暖、煤炭、水务、智能楼宇 6 个重点行业的境内联网工控系统或平台的安全检测过程中，发现超过 200 个严重漏洞隐患案例，这些漏洞若被黑客恶意利用，可能造成大量生产、用户数据泄露，导致相关系统生产停摆。

（二）网络安全事件的风险分析

1. 风险存在的领域

（1）第三产业部分过热现象。在三大产业中，数字经济与实体经济融合发展不足，但在第三产业中特别是生活服务行业出现过热的态势。对家政、娱乐、美甲、洗衣等低技术含量的行业，资本市场估值过高，由于“资本过冬”，靠“烧钱”的数千家 O2O 企业因资金链断裂倒闭。2016 年，与餐饮相关的 O2O 企业融合超过 30 亿美元，引发诸多问题。

（2）经济领域风险不断加剧。网络信息技术的渗透使得数字经济中的行为、环节、主体等的联系更加紧密，加快了社会主体的互通与共享。只要其中某一环节出现网络安全问题，就会涉及许多层面，从而影响整个经济运行，如互联网金融隐蔽性与潜在性风险的存在。

（3）基础设施成为重点攻击对象。随着实体经济数字化的不断发展，孕育出产业互联网、工业互联网、车联网等。万物互联时代的来临，使原有的空间被打破，生产过程、生产设备、产品销售、售后服务等都连接着物联网，因此，过去应对网络安全的防范措施就失效了。虚拟世界和物理世界的互联被打通，针对基础设施网络世界的攻击变得更猛烈更直接、更精准，这是对未来实体经济数字化最大的挑战。

2. 风险存在的形式

互联网线上线下的打通使市场运行更加复杂多变

（1）由于不规范操作、不正当竞争等行为在线下的隐蔽性强，而在线上被快速复制、放大并扩散，因此，难以避免损害竞争对手的商业信誉，侵犯注册商标专用权等；由于网络迷惑性强，互联网易于隐蔽等，因此，非法集资、传销、诈骗等违法犯罪现象频繁发生，涉案范围广、金额大，造成了巨大的经济损失与社会危害。

（2）不规范经营导致市场乱象。信息不对称问题导致侵犯消费者权益和隐私，给消费者造成巨大的负面影响；以低于成本价格出售商品，严重损害了企业的形象和经济利益。

3. 风险存在的特征

大数据安全面临以下三重风险。

（1）过度采集个人数据，加大安全风险。由于互联网高度依赖个人数据的采集、读取和运用，这种无底线、无节制的数据采集和使用存在巨大的泄露风险。一旦终端数据泄露，个人隐私数据将被违法犯罪分子利用，最终危及网民的隐私、财产，甚至人身安全。

（2）数据处理缺乏防护，存在严重技术安全隐患。由于数字产业化和产业数字化的快速发展，大多数企业的思想观念仍停留在重建设、轻防护的层面，数据安全研发投入和技术接入严重不足，在采集数据中，许多企业缺乏相关规范和安全技术标准，数据在存储与传输、计算与调用过程中缺乏高层次核心技术的安全加密系统保护。

（3）隐私信息易于泄露，导致网络犯罪频发。由于缺乏完善的防护

措施和政策机制，有些不法分子利用网络隐私的泄露从事诈骗，寻机贩卖信息数据牟利。

4. 对风险存在的监管

防范治理责任权利划分不明晰。数字经济具有跨地区与跨领域的突出特点，现有条块化与属地化的传统监管框架相互分割，已不能适应数字经济跨界融合发展的形式。由于网络风险类型多样、数量庞大，业务模式变化不断，依靠人力集中检查手段和事前审批为主的治理方式难以适应数字经济快速发展的要求，必须创新体制机制；数字经济发展的新主体是平台企业，对平台企业缺乏监管，特别是对平台应承担哪些责任、承担多大责任等缺乏法律规范，权责难以厘清；数字经济新兴业态的发展同现有法律滞后性的矛盾越发突出，立法空白给行业发展带来极大的不确定性，法规建设相对滞后。

二、数字经济时代虚拟货币面临的风险

（一）新型黑客攻击技术风险

随着计算机技术的不断发展创新，虚拟货币面临的风险加大。计算机加密技术在不断完善，但是，技术系统与平台终端的兼容性还存在缺陷，有可能出现病毒扩散的现象，数字金融的风险点有可能来自技术本身。比如，在使用云计算时，涉及链接外界网络的问题，云服务商要同时为多家公司提供服务，但是在云平台上，用户之间并没有明确的安全界限。这就意味着一旦出现风险，就有可能波及多家公司。就使用大数据技术而言，采集互联网信息是基础工作，有信息失真的可能性，或者是收集到的信息本身就是虚假的。在完成数据的采集工作之后，加工、存储和处理数据都存在发生失误的可能性。

比如，一些网店的商家会采用刷单的行为，目的是提高店铺的信誉度，但这属于作弊。此时，该店铺的数据就无法反映真实的经济形势，属于数据造假。在数字经济时代，不法分子所采取的网络攻击行为表现出明显的趋利性特征。当大数据平台的集中度很高时，就意味着具有较大的潜在利益，这样的平台往往会吸引不法分子的注意。

（二）买卖双方的信用风险

在数字经济时代，不但虚拟货币的风险具有特殊性，而且不同虚拟货币的风险表现形式有所不同。信用风险是虚拟货币面临的一种比较普遍的风险，有着复杂的表现形式，违约行为主要产生于资金供给者、资金需求者以及第三方平台。在数字化支付领域，通常参与者共有四方，分别是用户、商家、银行以及第三方支付机构。若买卖双方达成协议后，买方一直不支付款项，而卖方也没有定期履行发货的职责，则可能导致银行以及第三方平台系统的对接活动出现问题。就第三方平台而言，其存在的风险问题是没有履行信息保密的义务。由此可见，如果有任何一方没有履行应尽的职责，那么，买卖双方对第三方支付机构的信任度就有下降的可能。

分析可知，交易平台对买卖双方信息的掌握不够全面，违约成本也不高。当买卖双方的信用风险越来越高，这种信用风险就会转嫁给平台。另外，交易平台本身也存在一些问题。比如，为了扩大规模，获得更多的经济资金，平台有时候会向公众发布一些虚假信息，目的就是获得更多的资金。

（三）成本风险

获得虚拟货币要使用计算机算法，进行程序计算活动需使用计算机设备，这一行为在业界的专有名词是“挖矿”。随着虚拟货币产量的不断减少，挖矿的成本也越来越高。甚至一些个人在投入成本之后，却无法获得虚拟货币，这就意味着投入的成本白白浪费了。

第二节　数字经济时代的安全风险治理

一、构建安全风险预警与防范机制

（一）加强网络安全顶层设计，制定数字经济网络信息安全发展战略

网络安全是国家政策、法律法规以及技术研发等相结合的庞大而又

复杂的系统工程，必须由政府牵头组织，构建自上而下的全方位网络安全保障体系及防范机制的顶层设计。要站在数字经济发展安全战略的高度和全局统筹考虑，通过网络安全顶层设计，加快推进具有全局性、整体性、科学性的网络安全顶层架构，培育数字安全网络环境，不断提升网络信息技术安全管理能力。

1. 构建网络数字信息的安全防范体系

在明确我国数字网络根本利益的前提下，从中央到地方政府分级科学规划数字网络安全发展的组织保障、步骤、方针、措施及目标等，通过顶层设计，整体推进我国数字网络安全发展环境。

2. 分阶段制订数字网络安全战略方案

在数字网络的不同发展阶段，及时出台国际、国内网络安全发展战略以及有关行动战略，从战略层面指导数字网络安全的健康发展。目前，全球已有 50 多个国家出台了专门的数字网络安全或信息安全战略，这些国家的做法值得我国参考与借鉴。

要推动创新数字网络安全核心技术建设，要保障数据信息的网络安全，就必须掌握网络信息的核心技术，不断加大资金投入，提升核心技术的创新和研发能力。只有这样，才能提高数据安全的预警与溯源、应急和处置能力。

一是要加强核心技术密码研发。核心技术密码是保障互联网正常运行和推动“数字经济”高质量发展的重要技术手段，但我国相关核心技术创新研发处于低水平，需加大研发力度。二是要加强人工智能对网络安全的监控。人工智能通过监控分析，可及时发现海量数据、网络流量以及成千上万个关联点的异常问题，对安全风险的处理效率较高，未来应在人工智能技术上发力。三是要建立数据安全防护系统。对于数据安全，应该发展具有自主知识产权且相对独立的安全防护系统和数据安全产业。四是要加大专业人才培养力度。专业技术人才是解决网络安全的根本，但人才短缺现象普遍存在，在大数据、人工智能、云计算、物联网加速发展的时代，应加大资金和教育的投入，加快数据网络安全方面的专业人才培养。

（二）加快网络安全制度与法规建设，推动数据安全保护立法

随着网络技术的发展，数字经济越来越成为经济社会发展的重要增长点，加快推进网络安全制度与法规建设刻不容缓。

1. 建立权责明晰的安全责任机制

各级政府、企业主体、网络平台等要各司其职，明确各自的权利与责任，加强监管，制定权责明晰的安全责任机制。

2. 健全数据保护法律制度

由于网络信息技术的快速发展，信息数据缺乏安全保障，数据等一经泄露便会给经济社会带来巨大损失，因此，必须健全数据保护法律制度。既要避免防护过度影响“数字经济”正常发展，又要避免法律不完善、导致的数据被滥用情况。

3. 完善网络空间安全治理体系

要优化数字经济发展环境，提高监管水平和治理能力，政府和企业就要在数据采集与存储、使用与共享、开放与销毁以及跨境传输等活动中做出明确规定，完善治理体系，保证活动合规和安全，保障数据安全，做到有法可依。

4. 加大对数据安全的防护力度

架构多级权限管控措施，规范数据访问与使用数字网络技术的创新和不断发展，加速了数字经济与传统实体经济的融合渗透。因此，要加大对数据安全损坏的打击和防护力度，切断黑、灰产业链的相关数据交易，严厉制裁非法窃取、泄露、盗用数据的违法犯罪行为；要采用多级权限管控手段，在不影响人员正常工作的前提下，通过相关技术准确识别敏感数据访问行为；要加快数据分层分级分类的保护以及访问权限，切断数据泄露渠道，制定相关法规使企业和政府部门定期自查，及时开展数据安全风险评估和安全监测预警，不断强化企业和政府自律职责，全面提升数据安全保障能力。在新时代的数字经济快速发展的背景下，信息泄露、数据安全、网络安全除了给人民群众带来安全隐患与危害外，更重要的是，给我国企业安全生产、经营等带来严重的破坏与冲击，因此，要树立正确的网络安全观，从技术和制度层面不断提高数字经济治理水平和监管能力，不仅要关注数据安全，还要关注软件安全，构建科

学的网络安全防御体系。

二、数字经济时代防范虚拟货币风险的对策

（一）制定科学有效的监管政策

为有效防范数字经济时代的虚拟货币风险，应制定有效的监管政策，这对数字化转型也能起到指导作用。监管部门需制定明确的监管政策。对此，监管部门提出了一些新的监管理念，如监管沙盒，具有穿透作用的监管措施，体现金融本质的监管措施，对风险有补偿作用的手段及有效保护买卖双方隐私的手段。在后续的监管工作中，这些监管手段的作用会逐渐得到发挥。监管措施不仅会影响商业银行的金融科技战略，还将深刻影响数字化转型。在制定监管政策时，相关工作人员应当充分考虑数字化转型的业务模式，确保采取的监督管理手段能够有效适应监管政策。与此同时，负责监管的部门应当做好沟通和交流工作。

（二）重视改善组织管理模式

数字经济时代的虚拟货币除了推出一些产品和服务，还会影响银行的组织和管理。为此，银行的组织和管理应当充分考虑数字化转型，建立有较强适应性的管理和运营模式。银行还应调整组织架构，加强对虚拟货币产品体制的创新，有效推动数字化转型工作。另外，还需要解决突破制度问题和对风险有较高的容忍度。创新前台产品对后台变革流程会有一定的倒逼作用。比如，在线上进行融资活动时，需要建立的制度体系就应该体现差异化和系统化，同时，要具备零售的功能。突破原有制度限制，包括客户的准入机制、资金限额机制、线上级别评价机制及核销制度。在此条件下，用户的使用体验会得到优化，在向下分级时也会更积极。

（三）加强宣传科普，提高投资者认识

就虚拟货币的实际发展情况而言，相关工作人员应采取有效措施，防止投资者上当受骗。由于虚拟货币比较特殊，因此，不法分子可能据

此制造虚拟货币骗局，进行一些违法活动。对此，相关部门应采取有效措施，提高投资者对虚拟货币的认识，加强对虚拟货币的宣传，加大科普力度。比如，通过新媒体宣传虚拟货币，可以使用微信公众号、微博和抖音等视频平台。科普的主要内容要涉及虚拟货币产生的原理、虚拟货币本身的性质，使人们对虚拟货币形成正确的看法，能识破骗局，增强民众对诈骗的防范意识。此外，相关工作人员要对虚拟货币投资风险加强宣传，使民众不盲目投资，促进虚拟货币健康发展。加密货币的最基本需求是应用，这也是数字加密货币一项比较稳定的因素，投资者应对加密货币供需两侧的变化有正确的认识。就绝大部分的加密货币而言，供给是可预见的，而且是比较稳定的，而应用需求因素则会对虚拟数字货币的价格产生较大影响。投机需求过于旺盛，而应用需求却比较固定，这是虚拟货币的一项突出风险。加密货币实际落地使用受到技术的限制，真正接纳比特币支付的用户比较少，这是因为数字虚拟货币的安全性不佳，应用智能合约也存在技术门槛，投资者对此应客观看待。

三、各国面向数字经济的数据安全治理措施

为应对数字经济时代安全威胁的挑战，很多国家都采取了相应举措。相较而言，欧美等国家的步伐较快，主要采取了制订战略规划、开展国际合作、增强技术保障和完善法律规制等四种策略。

（一）制订战略规划

近年来发布的关于大数据发展的战略规划，不仅为数据发展和利用提供了顶层设计，还为数字经济时代的安全治理奠定了基石。譬如，2012 年 2 月，美国白宫发布了《网络世界中消费者数据隐私报告》。该报告包含四项主要内容：消费者隐私权利法案；促进各利益相关方将消费者隐私权利法案中的原则应用于商业环境；加强联邦贸易委员会的执法；增强与国际合作伙伴在隐私框架上的互操作性，旨在构建保护隐私和促进创新的基本构架。又如，2012 年 6 月，法国个人信息保护机构——国家信息与自由委员会发布了《云计算数据保护指南》，对云计算的数据安全管理提出了相应建议。

“棱镜门”事件爆发以后，欧盟一改此前对网络数据采取的开放姿

态，于2013年11月发布了《重塑欧美数据流动信任》。一方面，旨在维持欧美之间数据流动的延续性；另一方面，提出了六项高水平的数据保护策略。迅速采纳欧盟数据保护改革建议；提升“信息安全港”的安全性；加强执法过程中的数据保护；要求美国使用现有的共同法律援助协议和部门协议来获取数据；督促推进美国数据安全改革进程，回应欧洲关切；促进隐私标准的国际化。

该报告的出台对数据跨境流动安全及欧美关系的发展产生了重大影响。中国政府同样非常重视网络空间安全的战略规划，自“十一五”时期便开始制订国家级信息安全专项规划。2014年2月，成立了中央网络安全和信息化领导小组，再次提升了网络安全在国家战略中的高度。2015年8月底，国务院发布了《促进大数据发展行动纲要》，为中国大数据发展进行了顶层设计和统筹部署，并对“健全大数据安全保障体系”提出了专项要求，同时实施“网络和大数据安全保障工程”。在工业和信息化部指导下起草的《大数据标准化白皮书》也专门涉及数据安全标准体系的相关内容。

（二）开展国际合作

海量数据的实时、跨机构、跨境流动、开发和利用，导致传统的基于组织和疆域边界的信息安全保障模式被打破，开展国际合作成为数字经济时代数据安全治理的必由之路。

美国在《网络世界中消费者数据隐私报告》中提出，各国在网络空间数据安全合作中应做到以下三个方面：一是以有效的执法和企业问责制为条件，相互承认彼此的隐私保护框架；二是多方主体共同参与数据安全程序和行为准则的制定；三是美国联邦贸易委员会与其他国家的类似机构进行执法合作，创建“国际隐私执法网络”，显著提升数据隐私法规的运作效率。

与美国试图建立由其主导的国际治理模式不同，虽然“棱镜门”事件后，美国在国际网络治理领域的公信力有所下降，但欧盟仍旧保持积极寻求与美国合作的姿态。基于对美欧“安全港”协议实施效果的评估，欧盟提出13项改进意见，主要包括四方面内容。一是增加透明度。自我认证的公司要公开自己及云服务合作商的隐私政策，其网页要有美国商务部

"安全港"计划的链接，而美国商务部网页则要公布非计划内的公司名单。二是强化补偿机制监管。公司隐私政策的页面必须包含替代性纠纷解决方案提供者的链接，美国商务部则要确保补偿机制的有效性。三是收紧执行程序。在审核或复核企业的"安全港"资格后，企业要接受随机抽检，以确认其隐私政策的有效性。一旦怀疑企业违规，美国商务部应立即通知欧盟数据保护机关。四是加强对美国权力机关获取数据的管控。自我认证的公司的隐私政策须包括美国允许政府部门搜集处理数据的法律内容，针对国家安全的例外条款只能在必须且适当的情况下应用。

此外，欧盟还要求美国按现有的共同法律援助协议和部门协议获取数据。如果美国政府直接向在欧数据企业索要资料，企业将陷入两难境地。一方面，如果拒绝交出数据，将触犯美国的《爱国者法案》；另一方面，如果交出数据，则又违背了欧盟的相关规定。因此，欧盟要求美国政府承诺，以现有的法律框架作为索取数据资料的一般原则，尽量避免绕开法律直接索要数据的情况发生。这些法律框架包括共同法律援助以及"旅客名单登记协议"和"恐怖主义金融追踪项目"等部门协议。

直接要求公司提供数据的情况只能根据协议规定的例外条款进行，并且须进行法律上的评估。作为技术后发国家，中国在数据安全治理方面早已认识到国际合作的意义和重要性。《2006—2020 年国家信息化发展战略》和《国家信息安全战略报告》均强调开展国际技术交流与合作的必要性。2011 年 9 月，中国与俄罗斯、塔吉克斯坦、乌兹别克斯坦等国一起向联合国秘书长递交了共同起草的"信息安全国际行为准则"，作为联合国第 66 届大会正式文件，旨在为全球制定网络安全国际公约提供范例。此外，中国还通过举办中美互联网论坛、中英互联网圆桌会议、世界互联网大会等途径积极沟通，增进互信，推广"共享共治"理念。

（三）增强技术保障

网络空间数据安全防护技术是治理的根本保障。根据功能差异，网络空间数据安全技术可分为"攻（攻击）、防（防范）、测（检测）、控（控制）、管（管理）、评（评估）"六大类。常见的数据安全技术有加解密技术、身份认证技术、边界防护技术、访问控制技术、主机加固技术、安全审计技术和检测监控技术等。

“棱镜门”事件发生后，为进一步提升自身网络空间数据安全性，美国于2014年发布了由国家标准技术研究所（NIST）起草的美国国家信息安全指导规范《提升美国关键基础设施网络安全的框架规范》。这是一个基础性的框架文件，主要针对金融、电信、能源、交通等涉及国计民生的重要行业网络和业务系统，从识别、保护、侦测、响应和恢复五个层面提出了最佳实践技术标准和模型。美国政府不仅注重防范涉及国家、社会宏观层面的数据安全问题和风险，还非常重视公民个人数据安全问题。《大数据：抓住机遇 保存价值》白皮书提出，政府须继续研发隐私保护技术，使消费者掌控其数据被采集的时间和方式，改善对消费者的服务。由于网络广告行业出现了越来越多的记录个人行动和位置数据的设备和服务，因此，消费者十分需要性能更强大的隐私保护工具，以防个人数据“被追踪”。目前，美国的“网络和信息技术研发”（NITRD）项目每年在隐私技术上的研究总支出已超过7000万美元，研究领域涵盖四个方面：对隐私安全扩展的支持，对企业如何遵守隐私法的研究，保护医疗保健的隐私，保护基础搜索的隐私。

“棱镜门”事件暴露了中国网络空间数据受制于人的问题和现状。因此，在增强网络空间数据安全技术保障方面，中国面临着与美国迥异的任务和使命。2014年初，中国IT界自发开展了以摆脱国际巨头公司控制、走国产化之路的“去IOE”大讨论。2014年5月，国务院信息化工作办公室宣布将推出网络安全审查制度，对事关国家安全和公共利益的系统使用的重要技术产品和服务进行网络安全审查。同月，中国政府采购网发布的《关于进行信息类协议供货强制节能产品补充招标的通知》，要求所有计算机类产品不允许安装Windows8操作系统。同时，国外品牌从杀毒软件、云安全软件、入侵检测/漏洞扫描、公共安全与应急软件等安全类软件的采购名单中消失，取而代之的是经核准的5家国产安全软件企业品牌。2014年，中国网络信息产品的国产化发展进程明显加快，以计算机服务器为例，国际权威研究机构Gartner公布的数据显示，2014年第三季度全球服务器出货量同比增长1%，但IBM、惠普、戴尔等美国品牌的全球份额出现明显下降，中国本土服务器市场出货量却同比增长15.63%，约是全球市场增速的15倍。多种迹象表明，中国正逐步进入网络空间发展的“自主、安全、可控”轨道，尽管道路是艰辛、曲折、漫长的，但毕竟已经迈出了可喜的一步。

（四）完善法律规制

法律法规是网络空间数据安全治理的制度保障，也是国家、企业、公民在网络空间中的行为规范的底线。在数据安全立法方面，美国仍旧走在世界前列。一直以来，美国沿着技术发展的轨迹，与时俱进地修订旧法、制定新法。主要法律法规有《信息自由法》《个人隐私法》《伪造信息存取手段及计算机欺诈与滥用法》《计算机安全法》《电信法》《儿童网上保护法》《公共网络安全法案》《电子通信隐私法》《消费者隐私权利法案》等。其中，制定于1966年的《信息自由法》涉及政府信息的获取、公开方式、可分割性，以及相关的诉讼事宜等，该法分别于1974年、1976年、1986年、1996年进行过多次修订。而制定于1986年的《电子通信隐私法》因部分条款已经不合时宜，如该法“允许美国政府在未先获得合理授权的前提下获取电子邮件内容”，因此，由数字权利组织与电子隐私倡导者组成的正当程序联盟正在敦促美国国会参众两院修订该法。为了进一步适应新数据环境下的治理需要，2015年2月底，美国政府还公布了《消费者隐私权利法案（草案）》。该法案草案对当时极为关注的用户数据的回应，将赋予美国民众更大的隐私权，并制定一套新的隐私准则框架。此外，该法案允许各行业在美国联邦贸易委员会的监督下自主制定有关保护数据隐私的行为守则。同时，这些行为守则也为遵守它们的公司提供“安全港”。

中国也加快了网络安全立法的步伐，2015年6月24日，第十二届全国人大常委会第十五次会议审议了《中华人民共和国网络安全法（草案）》。该草案共七章68条，从保障网络产品和服务安全、保障网络运行安全、保障网络数据安全、保障网络信息安全等方面进行了具体的制度设计。但是，同数字经济快速发展步伐和日益严峻的数据安全形势相比，中国的法规保障体系建设之路尚有很长的路要走。

参考文献

[1] 易高峰 . 数字经济与创新管理实务 [M]. 北京：中国经济出版社，2018.

[2] 刁生富，冯利茹 . 重塑大数据与数字经济 [M]. 北京：北京邮电大学出版社，2020.

[3] 华强森，沙莎，倪以理，等 . 崛起的中国数字经济 [M]. 上海：上海交通大学出版社，2018.

[4] 朱晓明 . 走向数字经济 [M]. 上海：上海交通大学出版社，2018.

[5] 马文彦 . 数字经济 2.0 [M]. 北京：民主与建设出版社，2017.

[6] 李艺铭，安晖 . 数字经济：新时代 再起航 [M]. 北京：人民邮电出版社，2017.

[7] 张彬 . 数字经济时代网络综合治理研究 [M]. 北京：北京邮电大学出版社，2019.

[8] 中国电子信息产业发展研究院 . 数字丝绸之路："一带一路"数字经济的机遇与挑战 [M]. 北京：人民邮电出版社，2017.

[9] 颜阳，王斌，邹均等 . 区块链 + 赋能数字经济 [M]. 北京：机械工业出版社，2018.

[10] 刘冬冬，鲁四海，等 . 赋能数字经济：大数据创新创业启示录 [M]. 北京：人民邮电出版社，2017.

[11] 詹晓宁 . 世界投资报告 2017：投资与数字经济 [M]. 天津：南开大学出版社，2017.

[12] 段立新，凌鸣，张晓宏 . 基于大数据的苏州数字经济 [M]. 苏州：苏州大学出版社，2017.

[13] 轻松读大师项目部 . 不可不知的数字经济 [M]. 北京：中国盲文出版社，2017.
[14] 申卫星 . 数字经济与网络法治研究 [M]. 北京：中国人民大学出版社，2018.
[15] 易高峰，常玉苗，李双玲 . 数字经济与创新创业管理实务 [M]. 北京：中国经济出版社，2019.
[16] 李宏兵 . 数字经济战略下中国企业“走出去”的劳动力市场效应研究 [M]. 北京：北京邮电大学出版社，2020.
[17] 徐晨，吴大华，唐兴伦 . 数字经济：新经济 新治理 新发展 [M]. 北京：经济日报出版社，2017.
[18] 朱建良，王廷才，李成，等 . 数字经济：中国经济创新增长“新蓝图”[M]. 北京：人民邮电出版社，2017.
[19] 全颖，郑策 . 数字经济时代下金融科技信用风险防控研究 [M]. 长春：吉林人民出版社，2019.
[20] 唐 · 泰普斯科特，亚历克斯 · 洛伊，戴维 · 泰科尔 . 数字经济蓝图：电子商务的勃兴 . [M]. 陈劲，何丹，译 . 沈阳：东北财经大学出版社，McGraw-Hill 出版公司，1999.
[21] 郭吉涛，姚佳成 . 数字经济与企业风险承担：管理自主权的调节效应 [J]. 河海大学学报（哲学社会科学版），2022，24（1）：83-91，112.
[22] 杨刚强 . 数字经济时代商业银行信用风险管理的困局与对策 [J]. 福建金融，2022（2）：45-49.
[23] 阳镇，陈劲，李纪珍 . 数字经济时代下的全球价值链：趋势、风险与应对 [J]. 经济学家，2022（2）：64-73.
[24] 袁艺，杨森 . 数字经济企业海外并购中的财务风险识别与防范：基于投资者利益保护视角 [J]. 财会通讯，2022（2）：135-137，149.
[25] 高明华 . 数字经济背景下区块链审计风险识别及防范 [J]. 财经界，2021（36）：176-177，190.
[26] 余钧，范柏乃 . 数字经济发展亟须提升安全风险治理能力 [J]. 浙江经济，2021（11）：10-11.
[27] 郭吉涛，朱义欣 . 数字经济影响企业信用风险的效应及路径 [J]. 深圳大学学报（人文社会科学版），2021，38（6）：69-80.

[28] 陈秋硕 . 数字经济时代下互联网融资平台风险及评价：基于模糊层次分析法视角 [J]. 上海商业，2021（11）：49–51.

[29] 胡垚 . 数字经济视域下中国体育产业海外投资风险及应对 [J]. 对外经贸实务，2021（11）：78–81，85.

[30] 刘歆甜 . 数字经济时代虚拟货币的风险及防范 [J]. 中国管理信息化，2021，24（18）：77–79.

[31] 柳洁 . 中国—东盟数字经济合作中的互联网金融犯罪风险及应对 [J]. 时代金融，2021（21）：37–39.

[32] 陈偲，贾映辉 . 积极应对数字经济风险 营造良好数字生态 [J]. 数字经济，2021（8）：20–23.

[33] 齐鹏 . “一带一路”数字经济数据跨境风险的系统性应对逻辑 [J]. 西安交通大学学报（社会科学版），2021，41（5）：104–113.

[34] 何苗，樊子立，张如 . 数字经济下企业风险的性质转变与管理策略 [J]. 财会月刊，2021（15）：117–123.

[35] 王亚婵 . 海南自由贸易港发展数字经济的创新路径探析 [J]. 对外经贸实务，2021（7）：22–25，30.

[36] 陈小辉，张红伟 . 数字经济如何影响企业风险承担水平 [J]. 经济管理，2021，43（5）：93–108.

[37] 帅琪 . 数字经济下涉税风险管控待升级 [J]. 中国外资，2021（8）：42–43.

[38] 于贤荣 . 中国数字经济发展问题探讨与对策建议 [J]. 长江技术经济，2021，5（S1）：176–177，180.

[39] 潘贺桥 . 数字经济的风险和资本无序扩张的预防 [J]. 商讯，2021（5）：87–88.

[40] 王亦菲，韩凯峰 . 数字经济时代人工智能伦理风险及治理体系研究 [J]. 信息通信技术与政策，2021（2）：32–36.

[41] 徐晓阳 . 我国数字经济发展中安全风险成因与防范 [J]. 中国集体经济，2021（5）：16–17.

[42] 陈伟 . 数字经济时代的数字风险管理 [J]. 中国内部审计，2021（1）：14–16.

[43] 苍岚，张淑翠，关兵 . 数字经济是否存在税收流失风险？ [J]. 互联网经济，2020（12）：8–11.

[44] 王美乐 . 数字经济背景下民营企业信用风险探析 [J]. 农村经济与科技，2020，31（23）：178–180.
[45] 张茜 . 数字档案馆风险管理研究 [D]. 上海：上海大学，2020.
[46] 胡璇 . 数字经济时代我国农村小额信贷风险控制问题研究 [J]. 长春金融高等专科学校学报，2020（6）：68–71，32.
[47] 周全，韩贺洋 . 数字经济时代下金融科技发展、风险及监管 [J]. 科学管理研究，2020，38（5）：148–153.
[48] 刘文宇 . 数字经济时代虚拟货币的风险防范与监管对策 [J]. 全国流通经济，2020（26）：165–167.
[49] 陈翰书 . 数字经济背景下法定数字货币的应用前景及风险防范 [J]. 农村经济与科技，2020，31（16）：109–110.
[50] 胡燕茹，申清仟 . 数字经济背景下社会化电子商务的风险分析与控制：基于社交媒体管理视角 [J]. 中国市场，2020（23）：137，139.
[51] 李勇坚，夏杰长 . 数字经济背景下超级平台双轮垄断的潜在风险与防范策略 [J]. 改革，2020（8）：58–67.
[52] 张宁 . 数字经济下的税收征管路径优化研究 [D]. 济南：山东大学，2020.
[53] 周梅坚 . BEPS 背景下利润分割法的发展与我国的应对 [D]. 广州：华南理工大学，2020.
[54] 周好杨 .W 医院“GE 云管家”数字信息化平台建设项目风险管理研究 [D]. 上海：东华大学，2020.
[55] 辛紫琦，韦嘉琪，王君，等 . 数字经济构建中广西互助金融的风险防范研究 [J]. 中国市场，2020（14）：182–183.
[56] 夏竹娟 . 数字经济下的税收征管风险与防范对策 [D]. 天津：天津财经大学，2020.
[57] 林淑纯 . 数字经济企业海外并购风险识别和防范研究 [D]. 天津：天津商业大学，2020.
[58] 张力 . 区块链数字版权保护平台的风险分析 [D]. 西安：西安电子科技大学，2020.
[59] 车燕燕 . 知识产权资本化的金融创新产品研究 [D]. 长春：吉林大学，2020.

[60] 杜庆昊.数字经济治理逻辑演进和路径选择[J].互联网经济，2020（Suppl.1）：28–35.
[61] 李玲玲.L县数字城管项目的范围和风险管理研究[D].淮南：安徽理工大学，2017.
[62] 张建.风险管理视角下的数字货币监管[D].武汉：华中科技大学，2017.
[63] 杨娟芳.高精度数字地面模型项目质量风险管理研究[D].石家庄：河北经贸大学，2017.
[64] 李帅.科创公司软件项目风险管理研究[D].长沙：湖南大学，2016.
[65] 戴丽娜.数字经济时代的数据安全风险与治理[J].信息安全与通信保密，2015（11）：89–91.
[66] 黎欢.基于案例实施的数字图书馆信息安全风险管理研究[D].南京：南京农业大学，2015.
[67] 张艳姝.数字影像反光镜产品线建设项目风险管理研究[D].沈阳：沈阳工业大学，2015.
[68] 郭营.基于SPOT模型的数字保存风险管理研究[D].郑州：郑州大学，2014.
[69] 沈双洁.数字档案馆项目风险识别和分析研究[D].南京：南京大学，2013.
[70] 董杉.数字集群通信保障工作中的风险管理研究[D].北京：北京邮电大学，2012.